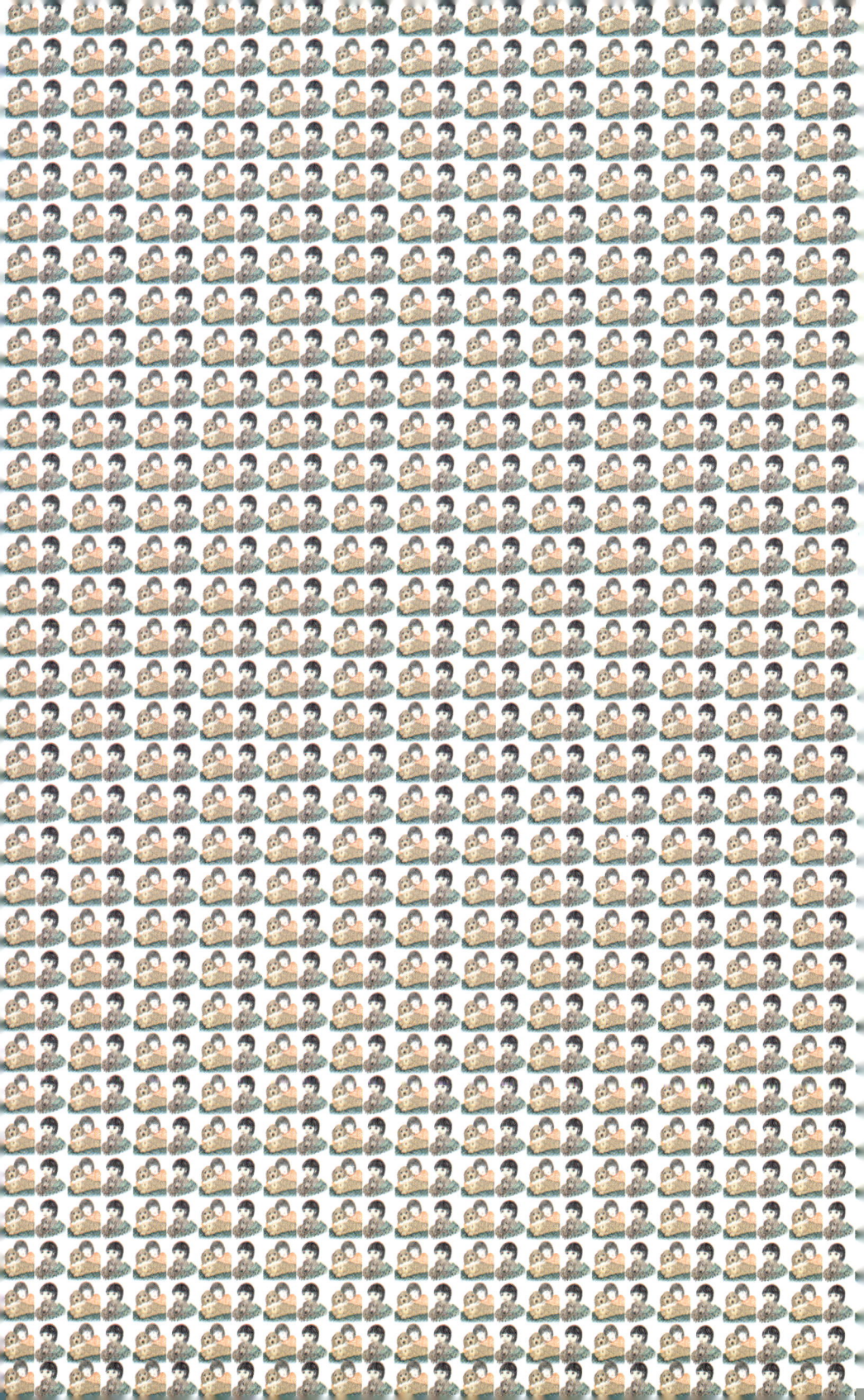

반려동물과 함께 살기
시리즈 01

강아지야, 내 동생이 돼 줄래?

반려동물과 함께 살기 시리즈 01

강아지야, 내 동생이 돼 줄래?

:강아지와 함께 사는 완벽한 방법

초판 1쇄 2015년 5월 30일
초판 2쇄 2016년 6월 30일

글 김아랑 | **그림** 윤은

펴낸이 김영은 | **기획 총괄** 정인진 | **영업 총괄** 박하연 | **편집** 최은선 | **디자인** 이가민

펴낸곳 도서출판 책빛

출판등록 2007.11.2.제 406-000101호

주소 경기도 고양시 일산동구 무궁화로 7-63 1206

전화 070-7719-0104 | **팩스** 031-918-0104

전자우편 booklight@naver.com

블로그 http:blog.naver.com/booklight

ISBN 978-89-6219-155-4 74030
       978-89-6219-154-7(세트)

*잘못된 책은 구입한 곳에서 바꾸어 드립니다.

「이 도서의 국립중앙도서관 출판예정도서목록(CIP)은 서지정보유통지원시스템 홈페이지(http://seoji.nl.go.kr)와 국가자료공동목록시스템(http://www.nl.go.kr/kolisnet)에서 이용하실 수 있습니다.(CIP제어번호: CIP2015010358)」

반려동물과
함께 살기
시리즈 01

강아지야, 내 동생이 돼 줄래?

김아랑 글 | 윤은 그림

책빛

1장 반려견을 키우기 전 필수 체크 사항 10가지

충동적인 결정은 아닌가요? ▶ 11
어떻게 보살필지 충분히 생각하고 계획을 세웠나요? ▶ 13
반려견을 키울 수 있는 집 안 환경과 조건을 갖추었나요? ▶ 14
가족 모두가 동의했나요? ▶ 15
반려견을 키우는 데 들어갈 비용을 부담할 능력과 뜻이 있나요? ▶ 17
반려견을 키우는 데 필요한 시간을 낼 수 있나요? ▶ 18
예상치 못한 상황이 닥쳤을 때에도 반려견을 책임질 수 있나요? ▶ 19
반려견의 나이 듦과 죽음에 대해 생각해 봤나요? ▶ 20
반려견에 대해 충분히 공부했나요? ▶ 22
반려견을 진짜로 아끼고 사랑하나요? ▶ 23

2장 인기 있고 유명한 개 품종 베스트 37

골든레트리버 ▶ 26
그레이하운드 ▶ 30
닥스훈트 ▶ 32
달마티안 ▶ 36
도베르만 ▶ 39
래브라도레트리버 ▶ 42

몰티즈 ▶ 45
바셋하운드 ▶ 48
보더콜리 ▶ 51
불도그 ▶ 54
셰틀랜드시프도그 ▶ 57
비글 ▶ 60

슈나우저 ▰ 62
시바 ▰ 65
시베리아허스키 ▰ 68
아프간하운드 ▰ 71
시추 ▰ 74
요크셔테리어 ▰ 76
웰시코기 ▰ 79
일본스피츠 ▰ 82
독일셰퍼드 ▰ 85
잭러셀테리어 ▰ 88
진돗개 ▰ 90
치와와 ▰ 93
코커스패니얼 ▰ 96

킹찰스스패니얼 ▰ 99
콜리 ▰ 102
파피용 ▰ 104
페키니즈 ▰ 107
포메라니안 ▰ 110
푸들 ▰ 113
뉴펀들랜드 ▰ 116
복서 ▰ 117
아메리칸 스태퍼드셔 테리어 ▰ 118
에어데일테리어 ▰ 119
퍼그 ▰ 120
플랫 코티드 레트리버 ▰ 121

나에게 맞는 개는 뭘까요? ▰ 122
강아지를 고를 때 주의 사항 ▰ 123

3장 개를 건강하고 똑똑하게 키우는 10가지 방법

개에 대한 기본 상식을 익힙시다 ▰ 127
개를 맞이하기 전 철저히 준비해요 ▰ 135
먹이를 현명하게 줘요 ▰ 139
적극적으로 소통해요 ▰ 144
적절하게 훈련해요 ▰ 150
즐겁고 건강하게 산책시켜요 ▰ 158
평소 건강 관리를 잘 해 줘요 ▰ 162
응급 상황이 발생하면 이렇게 대처해요 ▰ 168
외모를 깨끗하고 아름답게 가꿔요 ▰ 170
건강하게 태어나고 평안하게 죽음을 맞도록 해요 ▰ 173

반려견을 키우기 전 필수 체크 사항 10가지

반려견을 키우기 전 필수 체크 사항 10가지

- 충동적인 결정은 아닌가요?
- 어떻게 보살필지 충분히 생각하고 계획을 세웠나요?
- 반려견을 키울 수 있는 집 안 환경과 조건을 갖추었나요?
- 가족 모두가 동의했나요?
- 반려견을 키우는 데 들어갈 비용을 부담할 능력과 뜻이 있나요?
- 반려견을 키우는 데 필요한 시간을 낼 수 있나요?
- 예상치 못한 상황이 닥쳤을 때에도 반려견을 책임질 수 있나요?
- 반려견의 나이 듦과 죽음에 대해 생각해봤나요?
- 반려견에 대해 충분히 공부했나요?
- 반려견을 진짜로 아끼고 사랑하나요?

개는 '애완동물'이 아니라 '반려동물'이다

반려동물을 키우는 사람이 늘고 있습니다. 생활 수준이 높아지고 가족 수가 줄어들고 있는 데다, 건조하고 각박한 생활에 부대끼는 탓에 동물과 함께 살면서 따뜻한 온기를 나누고 싶은 마음이 커졌기 때문입니다.

지금은 예전에 자주 쓰던 '애완동물'이라는 말 대신에 '반려동물'이라는 말이 널리 쓰입니다. 1983년 10월, 동물 행동학자로 노벨상을 받은 K.로렌츠 박사의 탄생일을 기념하기 위한 심포지엄에서 "사람과 살아가는 동물들은 이제는 장난감이 아니라 사람에게 여러 가지 혜택을 주는 존재로서 더불어 살아가는 가치를 재인식하여 반려동물이라고 부르자."고 제안한 것이 그 시초입니다.

'반려'란 '짝이 되는 동무'를 말합니다. 우리는 평생 함께하는 인생의 동반자를 '반려자'라고 하는데, 개의 경우는 '반려견'이라 부릅니다. 반려견이라는 말에는 개를 가족이나 친구처럼 오랫동안 더불어 살아가는 소중한 존재로 여긴다는 마음이 들어 있는 것이지요.

애완동물이라는 말은 동물을 옆에 가까이 두고 예뻐하며 사람의 즐거움을 충족시키는 대상이라는 뜻을 지닙니다. 장난감처럼 순간의 만족을 주는 단순한 도구로 여겨지는 느낌이 강합니다. 이렇게 갖고 놀다 지겨우면 쉽게 버리는 장난감처럼 버려지는 유기견의 수도 해마다 늘고 있습니다.

반려견을 키우는 것은 쉽게 생각하고 결정할 일이 아닙니다. 과연 끝까지 사랑을 가지고 보살피고, 책임질 수 있는 준비가 되었는지 깊이 생각해 봐야 합니다.

반려견을 들인다는 것은 새로운 가족을 맞아들이는 일입니다. 사람과 개가 인생의 동반자로서 서로에 대한 이해와 지지 속에서 기쁨과 슬픔을 함께 나누는 아름다운 관계를 만들어 나가는 것입니다.

충동적인 결정은 아닌가요?

순간적인 충동으로 기르기 시작한 동물은 오래 책임지기 어렵습니다. 경솔한 결정인 탓에 동물을 키우다가 귀찮고 힘든 일이 생기면 끝까지 책임지지 못하고 버릴 가능성이 높습니다.

이렇게 버려지는 동물을 '유기 동물'이라고 하는데, 점점 유기 동물의 수가 빠르게 늘어나고 있는 현실입니다.

아이가 조른다고 해서 선뜻 강아지를 선물로 사 주는 경우가 많은데, 처음에는 신기해하고 귀여워하지만 곧 싫증을 내는 일이 많습니다. 실제로 강아지가 가장 많이 팔리는 때는 크리스마스 시기라고 합니다. 강아지를 장난감처럼 생각하고 사서 선물하는 사람이 많다는 얘기입니다. 이럴 경우 오래 키우지 못하는 경우가 많습니다.

반려견은 보고 즐기다가 싫증 나

면 버리는 단순한 물건이 아닌, 엄연히 살아 있는 생명체입니다. 생명을 돌본다는 것은 엄청난 책임감을 가져야 한다는 것입니다. 설사 이것저것 처리해 줘야 할 일이 많아 힘들더라도 세심하게 돌보고, 끝까지 아끼고 사랑해야 한다는 것입니다.

어떻게 보살필지 충분히 생각하고 계획을 세웠나요?

반려견을 건강하게 잘 키우려면 해야 할 일이 아주 많습니다.

밥 주기, 대소변 가리기, 목욕시키기, 산책하기, 운동시키기, 병원 데리고 다니기 등을 수시로 해야 합니다.

집 안 청소도 더 자주 해야 하고, 털 관리에도 신경을 써야 하고, 좋은 습관을 들이기 위한 여러 가지 훈련에도 인내심을 가지고 시간과 공을 들여야 합니다.

아파트나 빌라 등 공동 주택에서 키우려면 이웃에 방해되지 않도록 조심해야 하며, 반려견을 데리고 외출 시에는 다른 사람에게 피해가 되지 않도록 해야 합니다.

반려견을 키울 수 있는 집 안 환경과 조건을 갖추었나요?

우리 집이 키우려는 반려견의 특성에 적합한 환경인지 생각해 봐야 합니다. 마당이 있는 집이라면 실외견을, 아파트라면 실내견을 선택해야겠지요.

또 내가 가진 조건이 반려견에게 어떤 영향을 끼치는지도 생각해봐야 합니다. 정서적으로 안정된 가정인지 또 여러 가지 사정으로 많은 시간 집을 비워야 하는 가정인지 생각해 봅니다. 집을 비울때 반려견이 혼자 견뎌야 하는 불안감과 외로움을 생각해 보고 신중하게 결정해야 합니다.

가족 모두가 동의했나요?

나는 반려견을 키우고 싶어도 가족 중에는 원하지 않는 사람이 있을 수 있습니다. 특히 가족 중에 알레르기가 있거나 면역력이 약한 아기나 환자가 있는 경우에는 키우기가 어렵습니다.

가족 모두의 동의가 없는 상태에서 한 사람의 고집만으로 키우게 된다면, 많은 문제와 갈등이 생길 수 있습니다. 반려견을 키우게 됨으로써 발생하는 생활 변화를 가족 모두가 충분히 이해하고, 새로운 가족으로 받아들일 준비가 되어 있는지 반드시 확인해야 합니다.

반려견의 수명은 평균적으로 12~16년입니다. 반려견을 키우기 전에 10년 이상의 시간을 가족들과 함께 생활할 수 있을지 미리 의논해 보는 게 좋습니다.

반려견을 키우는 데에는 많은 정성과

손길이 필요합니다.

  같은 공간에서 생활하는 가족은 서로 도와 가며, 반려견을 돌보는 일을 상황과 사정에 따라 나누어 맡을 수 있습니다. 미리 가족끼리 의논해서 필요한 역할을 적절히 나누고 정해 두는 게 좋습니다. 이때는 특정한 사람에게 일방적으로 몰리지 않도록 주의해야 합니다.

  가족 모두가 동의하고 반려견을 또 하나의 가족으로 받아들이고 서로 도울 수 있다면 가장 이상적입니다.

반려견을 키우는 데 들어갈 비용을 부담할 능력과 뜻이 있나요?

반려견을 키우려면 비용이 많이 들어갑니다. 기본적으로 반려견이 생활할 수 있는 환경을 갖추는 데 비용과 병원 진료와 예방 접종, 배변 패드, 사료와 간식 등의 비용이 꾸준히 들어갑니다.

강아지는 생후 4개월까지는 면역력 형성을 위해 각종 예방 접종을 하게 되는데 약 20만 원 정도의 비용이 듭니다.

동물 병원은 의료보험 혜택이 없으므로 질병 치료에도 비용이 많이 듭니다. 평균적으로 드는 비용은 한 달에 10만 원 안팎이라고 보면 됩니다. 이런 비용을 감당할 수 있을 때 반려견을 키워야 합니다.

반려견을 키우는 데 필요한 시간을 낼 수 있나요?

반려견을 키우는 데에는 시간을 많이 들여야 합니다.

매일매일 산책을 시켜 줘야 하고, 운동량이 많은 개는 충분히 운동을 시켜 줘야 합니다. 산책과 운동을 통해 충분히 에너지를 발산시키지 못하면 스트레스에 시달립니다.

예방 접종이나 진료를 위해 동물 병원에도 데려가야 합니다. 밥도 주고, 목욕도 시키고, 털 관리를 하거나 여러 가지 훈련을 시키는 데도 시간을 내야 합니다.

대부분 반려견은 혼자 있으면 불안해하거나 외로움, 공포심을 느낍니다. 같이 놀아 주고 시간을 들이는 만큼 주인을 잘 따르고 건강하고 훌륭한 반려견으로 성장합니다.

예상치 못한 상황이 닥쳤을 때에도 반려견을 책임질 수 있나요?

사람이 살다 보면 계획하지 않았던 많은 일이 종종 생깁니다. 이사를 하거나, 아이를 출산하거나, 해외로 떠나게 되거나, 가족 중에 환자가 생기거나 하는 등 예상하지 못한 상황으로 반려견과 함께할 수 없게 될 수도 있습니다.

갑자기 이런 일들이 생기면 함께 생활하던 반려견은 어떻게 해야 할까요? 이런 상황이 되더라도 포기하지 않고 끝까지 함께하려는 자세가 필요합니다.

가족으로부터 한 번 버려진 반려견은 마음의 상처가 어마어마합니다. 출장이나 여행 등으로 긴 시간 집을 비워야 할 때도 어떻게 할지 미리 대비책을 세워 놓는 게 좋습니다.

반려견의 나이 듦과 죽음에 대해 생각해 봤나요?

반려견은 사람보다 수명이 짧습니다. 반려견의 평균 수명은 12~16년 정도로 반려견의 1년은 사람 나이로 치면 15~17세(대형견은 12~13세), 2년은 24세 정도에 해당합니다. 3년은 28세, 5년은 38세, 10년이 넘어가면 60세를 넘었다고 보면 됩니다.

반려견도 나이가 들면 몸이 쇠약해지고 병들기 쉬워져서, 주인의 도움과 보살핌이 많이 필요해집니다. 처음 만났을 때의 작고 귀여운 모습은 영원하지 않습니다. 그러다 결국 죽음을 맞이합니다. 사람의 경우보다 훨씬 빨리 이별의 순간이 찾아오는 것입니다.

평소에 반려견을 키우면서 반려견의 나이 듦과 이별을 염두에 두어야, 평온하고 성숙한 모습으로 헤어짐의 경험을 치러 낼 수 있습니다. 건강하고 귀여운 강아지였을 때는 예뻐하며 키우다가, 정작 늙어서 더 많은 보살핌이 필요할 때, 그걸 감당하

기가 싫어서 낯선 곳에 내다 버리는 일이 자주 벌어집니다. 정말 안타깝고 슬픈 일이 아닐 수 없습니다.

  반려견과의 아름다운 추억과 무한한 사랑에 감사하며, 따뜻한 가족의 품에서 편안하게 죽음을 맞이할 수 있게 한다면 사람과 인연을 맺었던 세상이 조금은 아름다운 곳이라고 기억하며 떠날 수 있지 않을까 생각해 봅니다.

반려견에 대해 충분히 공부했나요?

처음 반려견을 키운다면 키우기 전에 충분히 공부하는 게 좋습니다. 그래야 나도 반려견도 행복해질 수 있습니다.

내가 키우는 반려견이 어떤 특징이 있는지, 어떤 환경에서 키우는 게 좋은지, 조심해야 할 것은 무엇인지, 건강을 위해 어떤 점을 신경 써야 하는지 등을 미리 알고 준비하면 시행착오를 줄일 수 있습니다.

같은 견종을 키운 주변의 경험담을 귀 기울여 듣거나, 시중에 있는 다양한 책과 인터넷을 통한 검색으로도 많은 정보를 얻을 수 있습니다. 잘 알아야 잘 키울 수 있습니다.

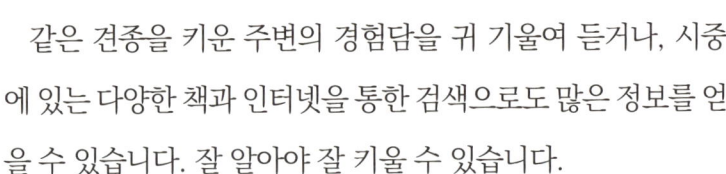

반려견을 진짜로 아끼고 사랑하나요?

'나는 동물을 진심으로 아끼고 사랑하는가?'

평범하고 당연한 질문이지만, 가장 중요한 질문이기도 합니다. 이 질문은 동물뿐 아니라 생명 자체를 얼마나 아끼고 사랑하는지를 묻는 것이기도 합니다.

'나는 생명과 자연을 진심으로 사랑하는가?'

자신에게 이 질문을 던졌을 때 분명하게 '그렇다'라고 대답할 수 있다면 일단 합격입니다. 합격이라면 앞에서 얘기한 ≪반려견을 키우기 전 필수 체크 사항≫ 중에서 설사 부족함이나 실수가 좀 있더라도 아주 큰 문제가 되지 않을 것입니다. 생명을 아끼고 사랑하는 마음이 있다면 어떤 문제든 해결해 나갈 수 있다고 믿기 때문입니다.

인기 있고 유명한 개 품종 베스트 37

골든레트리버

원산지 영국. 사냥견 그룹. 키 51~61cm. 몸무게 27~35kg.

　새를 사냥하는 데 쓰이던 사냥개로, 사냥감이 호수나 강에 떨어지면 물속에 들어가 물어 와야 했기 때문에 수영도 아주 잘합니다.

　이름 그대로 윤기가 흐르는 황금색의 풍성한 털이 매력입니다. 친근해 보이는 얼굴에 맑고 큰 눈이 착한 인상을 주며, 충성심이 강하고 주인의 말을 잘 듣는 편입니다. 사회성이 매우 좋아서 낯가림이 없고, 장난기가 많아 누구와도 잘 어울립니다. 참을성이 강하고 온화한 성격으로, 어린아이가 귀찮게 해도 너그럽게 넘어가 줍니다.

힘이 세고 운동 능력이 뛰어나 '스포츠 천재'라 불립니다. 머리도 영리해서 훈련을 잘 받아들이고, 훈련에 따라서 많은 역할을 해내고 있습니다. 인명 구조견, 마약 탐지견, 안내견 등으로 활약하고 있고, 자폐 아동의 사회성을 돕는 역할을 하기도 합니다.

공격성이 낮아서 먼저 공격을 받아도 대부분 반격하지 않고 피합니다. 경계심이 없고, 낯선 사람을 봐도 잘 짖지 않아서 집을 지키는 용도로는 적합하지 않고, 사람을 잘 따르는 탓에 잃어버릴 위험도 있습니다. 대형견인 데다 운동량이 아주 많아서 실외에서 키우는 게 좋습니다.

강아지 때는 호기심이 많고 굉장히 활달하지만 대개 2년쯤 지나면 점잖아집니다.

털빛은 어릴 때는 선명하지 않다가 1년 정도 지나면 멋진

 황금색을 띠기 시작합니다. 털 빠짐이 심한데 특히 여름철에 빠지는 털은 상상을 초월합니다. 빗질을 자주 해 주고 털 관리에 신경 써야 합니다.

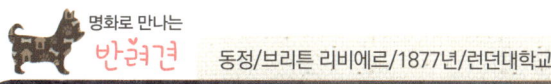

동정/브리튼 리비에르/1877년/런던대학교

GreyHound
그레이하운드

그레이하운드

원산지 이집트. 사냥견 그룹. 키 69~79cm. 몸무게 25~30kg.

시속 60km 이상까지 달릴 수 있는 세계에서 가장 빠른 개입니다.

유선형의 가는 몸, 매끈하고 짧은 털, 얇고 뒤로 붙은 귀, 배가 허리 쪽으로 올라붙은 근육질의 체형이 공기 저항에 강한 조건을 갖추고 있어 폭발적인 속도로 달릴 수 있습니다.

시력이 아주 좋아서 동물을 보고 추격하는 데 능하지만, 냄새를 따라 추격하는 일은 어렵습니다. 주인을 잘 따르고 정이 많아 아이들과도 잘 어울립니다. 운동량이 많아 실외에서 키우는 게 좋습니다.

Dachs Hund
닥스훈트

닥스훈트

원산지 독일. 사냥견 그룹. 키 18~20cm. 몸무게 5kg 이하.

오소리나 토끼 사냥에 주로 쓰이던 사냥개로, 굴에 들어가 있는 사냥감을 꺼내기 쉽게 개량한 비정상적으로 긴 허리와 짧은 다리가 외모의 특징입니다.

털빛은 검은색, 붉은색, 초콜릿색이 일반적입니다. 영리하고 온순해서 별다른 말썽을 일으키지 않지만, 고집이 센 편입니다. 몸집은 작아도 공격적이어서 자기보다 큰 개에게도 지지 않으려고 합니다.

명랑하고 활동적이어서 아이들과도 잘 어울립니다.

허리가 길어서 척추 디스크가 생기기 쉽고, 또 척추가 약하

기 때문에 의자나 소파 등 높은 곳에서 뛰어내리는 것을 조심해야 합니다.

　과식하기 쉬워서 살이 찌기 쉬우니 식사량 조절에 신경을 써야 하고, 자주 운동을 시켜 주는 게 중요합니다.

　짧은 다리 덕분에 계단을 오르내리기가 어렵지만 달리기는 아주 잘합니다. 눈꺼풀이 2중으로 되어 있어 수중 활동에도 유리합니다.

　장난이 심하고, 배변 습관을 들이기가 어려워서 처음부터 제대로 훈련을 시켜야 합니다. 그래서 강아지를 처음 키우는 사람이 키우기는 어렵습니다.

　외모 때문에 '소시지 개'라고 불리기도 하는데, 닥스훈트 덕분에 미국에서 '핫도그'라는 이름이 생긴 사연이 전해집니다. 1901년 뉴욕의 폴로 경기장에서 장사꾼들이 빵에 소시지를 키워 팔면서 "따끈따끈한 소시지 사세요. 따끈따끈한 닥스훈트 소시지 사세요." 하고 외쳤습니다. 이 장면을 본 〈뉴욕저널〉의 만화가 태드 돌건이 빵에 소시지 대신 닥스훈트가 끼워져 짖는 모습을 그렸습니다. 그런데 닥스훈트의 철자를 몰라서 '핫도그'라고 썼습니다. 이때부터 빵에 끼운 따뜻한 소시지가 '핫도그'로 불리게 되었습니다.

　20세기를 대표하는 예술가였던 앤디 워홀은 자신이 키우던 닥스훈트를 특히 아껴서, 그 모습을 여러 작품으로 남겼습니다.

Dalmatian
달마티안

달마티안

원산지 크로아티아. 사역견 그룹. 키 56~61cm. 몸무게 22~29kg.

장거리 마차 여행을 하던 사람들이 산적 같은 침입자로부터 마차를 지키기 위해 길렀으며, 때로는 마차를 끌기도 하였습니다. 자동차가 생기면서 소방 마차를 끄는 역할을 하게 되었고, 지금까지 소방관의 마스코트로 남게 되었습니다.

날렵한 몸매에 짧고 매끄러운 하얀 털과 검은색 또는 암갈색 물방울무늬 반점이 매우 인상적입니다. 태어났을 때는 몸 전체가 새하얗지만, 생후 2주일 정도 지나면서 점차로 희미한 반점이 보이기 시작합니다.

온순하면서도 충성심이 강하고, 힘이 세고 체력도 강해

아주 활동적입니다. 밖에서 노는 것을 좋아하고, 훈련도 잘 따라 합니다. 운동을 자주 시켜 주어야 하므로 실외에서 키우는 게 좋습니다.

낯선 사람에게 경계심이 강하고 심하면 물기도 합니다. 고집이 세고 응석도 강해 철저한 훈련이 필요합니다. 용변 습관을 들이기가 까다롭고, 알레르기성 피부염에 걸리기 쉽습니다.

영화 〈101마리 달마티안〉에서 달마티안 부부와 귀여운 달마티안 강아지들이 주인공으로 등장하여, 영화와 함께 전 세계적으로 많은 인기를 끌었습니다.

Dobermann

도베르만

원산지 독일. 사역견 그룹. 키 69~71cm. 몸무게 25~35kg.

움직이는 물체나 소리에 민감하게 반응하며, 낯선 사람이 가까이 오면 날카롭게 경계하며 긴장을 늦추지 않다가, 위험하다고 판단되면 바로 공격하기도 합니다. 이런 타고난 습성으로 주인과 가족, 집을 지키는 경비견으로 최고의 개입니다.

털은 짧고 부드러우며, 털빛은 대부분 검은색이고 갈색이나 흑갈색도 있습니다.

근육질의 우아한 몸매, 매서운 눈매를 가지고 있고, 귀의 끝을 잘라서 위로 쫑긋하게 솟아 있고 꼬리도 짧게

자르는 경우가 많습니다.

　지능이 높은 편이라 복잡한 훈련도 소화해 낼 수 있어, 군견, 경찰견, 탐색견, 구조견 등 다양한 분야에서 활동하고 있습니다. 난폭한 공격성을 지니고 있어서 철저한 훈련으로 제대로 길들여야 하므로 경험 많은 사람이 키우는 게 좋습니다.

　침도 많이 흘리고, 충분한 운동량이 필요하므로 실외에서 키우는 게 좋습니다.

래브라도레트리버

원산지 캐나다. 사냥견 그룹. 키 53~61cm. 몸무게 25~36kg.

캐나다 뉴펀들랜드 해안에서 자란 종으로 19세기에 영국으로 건너가 다른 레트리버와 교배되면서 현재의 모습이 되었습니다. 바다에서 어망을 회수해 오거나 오리 사냥에 주로 쓰였는데 방수성이 좋은 짧고 촘촘한 털로 인해 수영 실력이 탁월합니다.

짧고 조밀한 털과 근육질의 균형 잡힌 몸매를 가지고 있습니다. 골든레트리버보다 털이 짧은 게 특징이며, 털빛은 검은색, 크림색, 초콜릿색, 세 가지 종류가 있습니다.

주인을 잘 따르고 아이들도 좋아하며

누구와도 친하게 지냅니다. 싸우는 것을 좋아하지 않으며, 주변 상황에 예민하게 반응하지 않습니다. 침착하고 인내심이 강하며, 머리가 좋고 훈련을 잘 소화합니다.

사람과 함께 있는 것을 좋아하고, 스스로 생각하고 판단해서 행동하는 능력이 뛰어나서, 장애인에게 도움을 주는 '안내견'으로 활약하고 있습니다. 수명이 다른 개보다 긴 편으로 알려졌습니다.

한국 영화 〈마음이〉, 〈마음이 2〉에서 주인공 마음이 역으로 출연했습니다.

Maltese
몰티즈

몰티즈

원산지 지중해 몰타 섬. 애완견 그룹. 키 20~24cm. 몸무게 2~3.2kg.

고대 해상 무역의 항구였던 지중해 몰타 섬에서 뱃사람들로부터 귀여움을 독차지했다고 알려진 세계에서 가장 오래된 견종입니다.

매끄럽고 새하얀 긴 털과 까만 눈동자의 사랑스러운 외모를 가지고 있습니다. 특이하게 성견이 되어도 강아지 때와 외모 차이가 별로 없습니다. 털빛은 흰색이 대부분이고 황금색이나 레몬색도 있습니다.

밝고 명랑한 성격으로 누구나 잘 따르며 주인에 대한 애정이 깊습니다. 유난히 사람한테 안기는 것을 좋아해서 사람 옆에 딱 붙어서 떨어지려고 하지 않습니다.

　영리하고, 애교가 많아 재롱도 잘 떨고, 용변 습관을 들이기도 쉬워 혼자 사는 노인들이 기르기에도 적당합니다.

　질투가 심하고, 쓸데없이 잘 짖고, 무는 버릇이 있어 어린아이가 있는 집에서는 주의해야 합니다. 너무 귀여워해 주고 짓궂은 행동도 다 받아 주다 보면 버릇없는 개가 되기 쉽습니다.

　털이 길고 흰색이어서 더러움을 잘 타고 털 관리가 어려워서, 털을 짧게 잘라 키우기도 합니다. 하지만 털이 많이 빠지지는 않아서 실내에서 키우는 데 무리가 없습니다.

　활동량이 많아 산책을 아주 좋아합니다. 산책 시에는 호기심이 많아 상대를 파악하려고 달려드는 습관이 있어 주의해야 합니다.

Basset Hound
바셋하운드

바셋하운드

원산지 프랑스. 사냥견 그룹. 키 25~35cm. 몸무게 20~25kg.

　주로 프랑스와 벨기에의 귀족들이 사냥개로 길렀고, 프랑스어로 '낮다', '난쟁이'라는 뜻의 '바스'에서 유래되어 '바셋'이라는 이름이 붙었습니다. 우리나라에서는 '허시파피'로 잘 알려졌습니다.

　다리가 짧고 골격이 굵으며 크고 길쭉한 얼굴에 흔들거리는 귀와 처진 눈에 짧고 부드러운 털과 늘어진 피부가 특징입니다.

　순하고 침착한 성격에 목소리가 굵고 낮으며 후각이 엄청나게 발달해 있습니다.

　사냥개지만 드물게 몸을 움직이는

것을 싫어하고 장난이나 놀이에 별다른 관심이 없습니다. 느긋한 성격이어서 살이 찌기 쉽습니다. 비만이 오면 관절염과 척추 디스크에 걸리기 쉬우므로 식사량 조절과 운동에 신경을 써줘야 합니다. 적어도 하루 2번, 30분씩 산책을 시켜 주는 게 좋습니다.

긴 귀로 통풍이 어려워 귓병이 발생할 확률이 높으므로 주의해야 합니다.

충성심이 높고 공격성도 없어 아이들하고 잘 어울립니다. 고집이 세서 배변 훈련과 초보적인 훈련에도 어려움이 따릅니다.

'로큰롤의 황제'라고 불리는 미국 가수 엘비스 프레슬리의 반려견도 바셋하운드였다고 알려져 있습니다.

보더콜리

원산지 영국 스코틀랜드. 목양견 그룹. 키 43~53cm. 몸무게 12~20kg.

영국과 스코틀랜드의 국경 지방에서 양치기 개로 이용되었기 때문에 보더콜리라는 이름이 붙었습니다. 세계에서 가장 머리가 좋은 개로 유명하고, 학습 능력이 뛰어나서 3살 정도의 어린아이와 동등한 지능을 갖고 있다고 합니다.

균형 잡힌 몸매에 탄탄한 근육을 가지고 있습니다. 털빛은 흰색에 검은색, 회색, 갈색 등이 섞여 있습니다.

활동적이고 운동 능력이 뛰어나 각종 스포츠에서 두각을 나타냅니다. 같이 놀아 주거나 충분한 운동으로 스트레스가 쌓이지 않도록 해야 하며 하루 2시간 이상의 산책이 필요합니다.

　머리가 좋아서 짓궂은 행동을 하거나 대장 노릇을 하려는 성향이 있으므로 훈련을 철저하게 시키는 게 중요합니다. 아이들과도 잘 어울리며 할 일이 없으면 심심해합니다.
　영역을 지키려는 본능이 강해 낯선 사람이나 소리에 민감하게 반응하며, 가축을 모는 본능이 남아 있어 자동차나 자전거같이 움직이는 물체를 따라 달려가거나 작은 동물을 몰려고 하는 경향이 보입니다. 어린 아기들이 있는 가정의 경우에도 아기를 어린 양으로 생각하고, 아기들이 자기가 원하는 방향으로 가지 않거나, 아이가 정해진 공간을 벗어났다고 생각되면, 짖거나 쫓아가서 물기도 한다고 합니다.
　영화 〈꼬마 돼지 베이브〉에 나오는 양치기 개가 보더콜리입니다.

Bulldog

불도그

불도그

원산지 영국. 사역견 그룹. 키 33~41cm. 몸무게 20~25kg.

영국의 국견으로, '소를 잡는 개'라는 뜻의 이름처럼 황소와 싸움을 하던 견종입니다.

12세기 영국에서 시작된 황소와 불도그의 싸움 대회는 700년이나 이어질 정도로 인기가 높았습니다. 불도그의 독특한 외모는 투견에 맞게 품질을 개량한 결과로 위를 향한 뭉툭한 코는 황소를 문 상태에서도 숨을 쉴 수 있게 해 주었고, 피부의 쭈글쭈글한 주름은 황소에게 받혔을 때 덜 다치도록 완충 작용을 해 주었습니다. 지금의 불도그는 물거나 짖는 버릇을 줄이는 쪽으로 다시 개량되어 아직도 많은 사랑을 받고 있습니다.

험상궂어 보이는 얼굴과는 달리 애교가 많

고 주인이 애정을 보이지 않으면 삐치기도 합니다.

고집이 세서 길들이기가 힘들고, 흥분하면 강한 힘으로 뛰쳐나갈 수 있으니 주의해야 합니다.

특히 더위에 약해서 여름철에는 시원하게 해 줘야 합니다.

만화 영화 〈톰과 제리〉에서 스파이크로 나온 종이며, 영국의 축구 선수 데이비드 배컴 가족의 사랑을 받고 있는 개로 알려져 있습니다.

명화로 만나는 반려견

괴물/찰스 버튼 바버/1866년/영국 왕립 미술관

Shetland Sheepdog
셰틀랜드시프도그

셰틀랜드시프도그

원산지 영국. 목양견 그룹. 키 33~44cm. 몸무게 8~12kg.

셰틀랜드 섬에서 목양견으로 키워져 양을 모는데, 쉽게 몸집이 작아졌습니다. 작은 체구에 갸름한 얼굴, 서글서글한 눈매, 풍성한 털을 가지고 있으며 '셸티'라는 애칭으로 불립니다.

왈가닥이라 부를 정도로 활달한 성격으로 한시도 쉬지 않고 움직이고, 아이들과도 잘 어울리며 장난과 놀이를 좋아합니다. 사람을 좋아하고, 주인에게 충성심과 복종심도 아주 높으며, 영리해서 훈련하는 속도가 빠릅니다. 또 주인을 귀찮게 하지 않는 무척 독립적인 개입니다.

본능적으로 굉장히 잘 짖고, 짖는 소리도 사나운 편이어서 아파트나 공동 주택에서 키우기는 어렵습니다. 함부로 짖지 않도록 어릴 때부터 엄격하게 훈련하는 것이 좋습니다.

따분한 생활을 견디기 힘들어해서 운동을 자주 시켜 주고 최소 하루 30분 이상씩 산책을 시켜 줘야 합니다. 털이 길어서 많이 빠지므로 털 관리에 신경을 써야 합니다.

명화로 만나는 반려견 / 케이브 코드의 저녁/에드워드 호퍼/1939년/워싱턴 국립 미술관

Beagle

비글

비글

원산지 영국. 사냥견 그룹. 키 30~41cm. 몸무게 10~15kg.

토끼 사냥에 주로 쓰였던 사냥개답게 영리하고 민첩하며, 작고 야무진 체구에 단단한 근육질 몸매를 자랑합니다.

성격은 온순한 편이어서 공격성을 거의 띠지 않아 아이들과도 잘 어울립니다. 체력이 강하고 왕성하리만치 활동적이어서 많은 운동량이 필요합니다. 호기심이 많고 주의가 산만해서 집 안에서 키우기는 어렵습니다.

엄격한 훈련이 필요하며, 과식하는 경향이 있어 살이 찌기 쉽습니다. 미국 만화가 찰리 슐츠가 그린 스누피의 모델로 유명합니다.

슈나우저

원산지 독일. 사냥견 그룹. 키 30~35cm. 체중 7kg 안팎.

입가에 덥수룩하게 난 털 때문에 독일어로 '수염'이라는 뜻의 이름을 갖게 되었습니다. 심드렁한 표정에 곱슬거리는 털이 온몸을 덮고 있고, 단단하고 곧게 뻗은 다리가 자신감이 넘칩니다. 털빛은 흰색, 회색, 검은색이 어우러져 있습니다.

쾌활한 성격으로 늘 부지런히 움직이며, 장난치기를 좋아합니다. 사람을 잘 따르고 애교가 많아 누구와도 쉽게 친해집니다. 낯선 사람이나 작은 동물을 보고 잘 짖어서 집을 지키는 데에도 적합합니다.

활동적이어서 산책을 자주 시켜 줘야 하고, 혼자 있게 하거나 가두어 키우면

공격적으로 변할 수 있으니 주의해야 합니다. 호기심이 왕성해서 일단 뭐든 물어뜯고 보는 버릇이 있는데 머리가 좋아서 훈련하면 어느 정도 고칠 수 있습니다.

털이 거의 빠지지 않고, 튼튼하며 잔병치레도 적어서 키우기가 수월한 편입니다.

미니어처슈나우저의 경우에 많이 발생하는 진행성 망막 위축증이라는 치명적인 유전병이 있어, 평소에는 아무렇지도 않다가 하루아침에 눈이 멀어 버리는 경우가 있습니다. 염색체 문제여서 예방할 수 없습니다.

부잣집 개와 떠돌이 개의 사랑을 그린 만화 영화 〈레이디와 트램프〉의 주인공 '트램프'로 나온 종으로, 슈나우저의 매력을 잘 보여 주며 많은 사랑을 받았습니다.

Shiba

시바

시바

원산지 일본. 애완견 그룹. 키 35~41cm. 몸무게 7~10kg.

오래전부터 작은 동물을 사냥하는 것을 돕던 사냥개로 일본의 천연기념물로 지정되었습니다. 일본에서 가장 많이 기르는 견종이며, 전 세계적으로 인기가 높습니다.

'시바'는 일본어로 작은 것을 뜻합니다. 이름처럼 체구는 작아도 뼈대가 튼튼하고 근육이 잘 발달해서 날렵하면서도 단단해 보입니다.

동글동글한 얼굴에 탐스러운 볼, 삼각형 모양의 눈, 쫑긋 솟은 귀가 웃고 있는 아기같이 순하고 귀여운 인상을 줍니다. 굵직한 꼬리는 위쪽으로 동그랗게 말려 있고, 털은 짧은 편이며

털빛은 빨간색, 갈색 등 다양합니다.

 낯선 사람에게는 쌀쌀한 북방견의 독립적인 기질을 가지고 있는 데다 경계심이 많고 귀소 본능이 뛰어나 경비견으로 좋습니다. 명랑하고 활달한 성격으로 아이들과도 잘 어울리며, 움직이는 것을 좋아해서 놀이 상대로 훌륭합니다. 주인을 위해 곰에게 덤벼들어 쫓아낼 정도로 충성심이 강하고 공격적이 되기도 합니다.

 암컷과 수컷의 성격 차이가 큰데 암컷은 온순하고 눈치가 빠르고, 수컷은 거칠고 외향적이어서 키우기에는 암컷이 편하다고 합니다. 추위에도 잘 견디고 운동량이 많아 밖에서 기르는 게 좋습니다.

Siberia Husky
시베리아허스키

시베리아허스키

원산지 러시아. 사역견 그룹. 키 50~60cm. 몸무게 16~27kg.

    추운 시베리아 지역에서 유목민들의 썰매를 끌었던 개로, 멀리서 짖는 소리를 들으면 목이 쉰 것 같아 '허스키'라는 이름이 붙었다고 합니다.

    노려보는 듯한 눈매, 날렵한 몸매, 튼실한 다리가 탄탄하고 날카로운 느낌을 줍니다. 머리 쪽에 안경을 쓴 것 같은 독특한 무늬를 가지고 있으며, 털빛은 검은색과 흰색, 회색, 황갈색 등 다양합니다.

    야성적인 모습과는 달리 애교가 많고 장난치는 것을 좋아합니다. 유순하고, 참을성이 많으며 쓸데없이 짖지 않습니다.

　지능이 매우 뛰어나서 사람의 말이나 행동을 관찰하여 잘 따라 하는 것으로 알려졌는데, 실제로 전등을 켜고 끄거나, 냉장고를 열어서 음식을 먹기도 한다고 합니다.

　추운 벌판에서 썰매를 끌던 기질이 남아 있어 썰매는 물론 자전거나 낡은 타이어 같은 것을 끌게 해 주면 즐거워합니다.

　촘촘하고 숱이 많은 털을 가지고 있어, 털갈이 시기에 털이 굉장히 많이 빠집니다. 빗질을 자주 해 주고, 여름에는 피부에 통풍이 잘되도록 털 관리에 신경을 많이 써 줘야 합니다. 국내에서 인기 있는 연한 하늘빛 눈은 녹내장, 백내장 등의 눈 관련 질병이 발생하기 쉬우며, 장시간 해를 쬐면 눈이 멀 가능성도 있어서 주의해야 합니다.

아프간하운드

원산지 아프가니스탄. 사냥견 그룹. 키 60~73cm. 몸무게 22~29kg.

중앙아시아 아프가니스탄의 험준한 산악 지형에서 영양이나 늑대 등을 사냥했던 오래된 견종입니다.

머리와 몸에 흘러내리는 윤기 나는 긴 털이 우아한 자태를 뽐내며, 긴 다리와 당당한 걸음걸이에서 품위가 넘칩니다.

털빛은 갈색, 회색, 검은색, 흰색 등 다양합니다. 성견의 귀족적인 외모와는 달리 강아지 때의 모습은 털도 짧고 평범합니다.

시력이 매우 좋아서 움직이는 물체에 민감하게 반응하고, 사냥 욕구가 강해

 어떤 물체를 사냥감이라고 판단하면 빠르게 추격하며 방향 전환도 잘합니다.
 강한 체력과 운동량이 많아 넓은 마당이 있는 집에서 키우는 게 좋습니다. 의외로 머리는 좋지 않습니다.
 독립적인 성향이 강해 훈련하기가 어렵지만, 감수성이 풍부하고 주인에게는 깊은 애정을 보냅니다. 오랜 시간 혼자 내버려 두면 우울해하는 경향이 있어서 같이 놀아 주는 게 좋습니다. 긴 털 손질을 위해서는 많은 수고를 해야 합니다.

Shitzu

시추

시추

원산지 중국. 애완견 그룹. 키 20~28cm. 몸무게 4~8kg.

중국어로 '사자개'라는 이름처럼 얼굴에 난 사자 갈기 같은 복슬복슬한 털이 특징입니다.

둥근 얼굴에 큰 눈, 납작한 코가 귀여운 표정을 만들어 냅니다. 털빛은 흰색에 갈색, 황금색, 검은색 등 다양합니다.

사람을 잘 따르며, 명랑하고 활달한 성격입니다. 또 외로움을 잘 참아 내기 때문에 집을 자주 비우는 현대인이 기르기에 적합합니다.

털이 눈을 덮지 않도록 해 주고, 눈이 튀어나와서 눈 주변 청결에도 신경 써 줘야 합니다.

중국 왕족의 사랑을 받았으며 서 태후가 기른 개로도 유명합니다.

Yorkshire Terrier

요크셔테리어

요크셔테리어

원산지 영국. 사냥견 그룹. 키 18~23cm. 몸무게 2~3kg.

영국 요크셔 지역의 석탄 광산에서 쥐를 몰아내던 견종입니다.

'움직이는 보석'이라고 불릴 만큼 조그만 얼굴에 반짝반짝 빛나는 눈, 쫑긋 솟은 귀가 예쁘고 깜찍합니다. 청회색과 황갈색의 매끄럽고 긴 털을 가지고 있는데, 갓 태어나서는 털이 모두 까맣고, 생후 2년 정도 지나야 정확한 털빛을 알 수 있습니다.

즐겁고 활달한 성격으로 새로운 환경에 적응을 잘합니다.

까칠하고 낯가림이 심한 편이고, 훈련하기가 쉽지 않아 용변 습관을 기르는 데

시간이 걸립니다.

  운동량이 많지 않아 실내에서 키우기 좋습니다. 주인에게 헌신적이며 위험이 닥쳤을 때 큰 소리로 짖어 대서, 어릴 때부터 함부로 짖지 않도록 훈련하는 게 좋습니다.

  혼자 두면 스트레스를 받아 짓궂은 행동을 하기도 합니다. 개와 많은 시간을 함께할 수 있는 사람이 키우기에 좋고, 하루 10분씩 가벼운 산책으로 스트레스를 풀어 주는 게 좋습니다.

아르놀피니 부부의 결혼/얀 반 에이크/1434년/런던 내셔널 갤러리

Welsh Corgi 웰시코기

웰시코기

원산지 영국. 목양견 그룹. 키 25~30cm. 몸무게 10kg 안팎.

양이나 소 떼를 몰던 개로 여우를 닮은 얼굴에 귀는 크고, 다리는 아주 짧습니다. 다리가 짧은 이유는 소 떼를 몰고 갈 때, 소의 뒷발에 차이지 않고 다리 사이를 쉽게 빠져나갈 수 있게 개량되었기 때문입니다. 어릴 때 짧게 꼬리를 잘라 주는 것도 가축 몰이를 수월하게 하기 위해서입니다.

몸집은 크지 않아도 단단하고, 민첩하며, 체력이 뛰어나 잘 달리고, 점프력도 우수합니다.

영리하고 온순하며 주인에 대한 충성심은 모든 견종을 통틀어 최고입니다.

활동적이고 놀이를 좋아해서 아이

들과도 잘 어울립니다. 운동과 산책을 자주 시켜 주는 게 좋습니다.

자기 영역을 지키려는 의지와 방어 본능이 강해서, 낯선 상대를 만나면 공격적인 성향을 드러내기도 합니다.

털갈이 시기에는 전쟁을 각오해야 할 정도로 털이 많이 빠집니다. 살이 찌기 쉬운 체질이어서 식사량을 조절해 주는 게 좋습니다.

리처드 1세 때부터 영국 왕실에서 길러 '영국 왕실의 강아지'로 불리며, 엘리자베스 1세 여왕의 개로도 유명합니다.

Japanese spitz
일본스피츠

일본스피츠

원산지 일본. 애완견 그룹. 키 28~38cm. 몸무게 7~12kg.

구름처럼 새하얀 털로 '걸어 다니는 하얀 인형'으로 불릴 만큼 작고 깜찍합니다.

일본에서 독일스피츠를 들여와 개량한 종입니다. 뾰족한 얼굴, 반짝이는 까만 눈, 쫑긋 솟은 삼각형 귀와 사자 갈기 같은 풍성한 가슴 털, 복슬복슬하게 위로 말려 올라가 있는 꼬리가 매력적입니다.

성격이 밝고 명랑하고 애교가 많아서 아주 사랑스럽습니다. 주의력, 관찰력이 뛰어나고 영리해서 훈련도 빠른 속도로 소화합니다. 질병에 강하고 자정 능력이 우수하여, 냄새가 별로 안 나고 털도 깨끗하게 유지할 수 있습니다.

　운동은 가볍게 산책을 시켜 주는 정도면 괜찮고, 아이들과도 잘 어울리며 노인이 키우기에도 적합합니다.
　주인에게는 순종적이지만 낯선 사람에게는 경계심을 드러내며, 짖거나 무는 성향이 있습니다.
　지방이 많은 음식을 주면 피부병에 걸릴 수 있으므로 지방이 적게 포함된 사료를 주는 게 좋습니다.
　털이 가늘고 풍성해서 잘 날리고 빠지는 양도 많아서 빗질을 자주 해 주고 통풍을 시켜 주는 등 털 관리에 신경 써 줘야 합니다. 추위에 강하고 덥고 습도가 높은 날씨를 견디기 힘들어합니다.

독일세퍼드

원산지 독일. 목양견 그룹. 키 56~66cm. 몸무게 26~38kg.

독일의 국견이자 대표적인 군용견입니다. '양치기 개'라는 뜻의 이름처럼 야생 동물들로부터 소나 양을 지키는 역할을 했습니다.

근육질의 균형 잡힌 체격의 용맹스러운 모습에, 허리 길이가 어깨높이보다 길고, 갈색 털에 등 부분에 마치 안장을 얻은 듯한 모양으로 검은 털이 나 있습니다.

날카롭고 사나워 보이는데 성격은 온순하고 친근합니다.

놀라운 민첩성과 높은 지능을 갖고 있고 후각이 매우 뛰어나 경찰견, 경비견, 맹인 안내견, 인명 구조견 등으로 활약하고 있습니다.

낯선 사람에게 쉽게 경계심을 풀지 않으며, 충성심이 높고 주인을 철저히 보호하는 것으로 유명합니다.

매우 활동적이어서 넓은 공간에서 자유롭게 지내도록 해 주며, 아침저녁으로 장거리 달리기 등 운동을 충분히 시켜 주면 좋습니다.

어릴 때부터 사람과 많이 접촉하는 게 좋으며, 복종심이 강해서 따뜻한 관심을 주고 훈련만 잘 시키면, 주인의 명령에 잘 따르는 충실한 개로 자랍니다.

히틀러가 독일이 원산지인 독일셰퍼드를 무척 아꼈다고 전해집니다.

잭러셀테리어

원산지 영국. 사냥견 그룹. 키 33~36cm. 몸무게 4~8kg.

땅굴 속에 숨은 여우를 사냥하던 견종으로, 다리가 곧고 다부져 보이며, 귀는 땅을 팔 때 흙이 들어가지 않도록 역삼각형 모양으로 앞으로 접힙니다. 전체적으로 흰색을 띠고 검은색, 황갈색 무늬의 거친 털을 가지고 있습니다.

강한 힘과 민첩한 사냥 본능을 가지고 있고 끈기가 있으며 용감합니다. 지능이 높고 상황 판단력이 뛰어나서 훈련을 잘 소화합니다. 털이 많이 빠지고 활동적이어서 하루에 최소 한 시간 이상 운동을 해야 하므로, 넓은 공간에서 풀어 놓고 자유롭게 기르는 것이 좋습니다. 영화 〈마스크〉에 출연해서 사랑을 받았습니다.

진돗개

원산지 한국. 사냥견 그룹. 키 45~53cm. 몸무게 15~20kg.

전라남도 진도가 원산지인 우리나라의 대표적인 사냥개로, 1938년에 천연기념물 제53호로 지정되었습니다.

팔각형의 얼굴에 튼튼한 턱을 갖고 있고, 눈은 작고 삼각형이며, 눈꼬리가 위로 올라가 있습니다. 목이 굵고, 등이 탄탄하게 뻗어 있으며, 다리는 튼튼하고 곧아서 힘이 있고 다부져 보입니다. 삼각형의 귀는 쫑긋 솟아 있고, 털이 많은 꼬리는 치켜 올라가 왼쪽으로 말려 있습니다. 강아지 때는 귀나 꼬리가 처져 있지만, 생후 3개월쯤 지나면서부터 꼬리가 말리고 귀가 섭니다.

털빛은 흰색과 누런색이 대부분이며 온몸이 검고 눈썹 부분에 노란 점이 있고

턱과 가슴, 발끝이 노란 진돗개도 있습니다.

　영리하고 민첩한 데다 후각과 청각이 뛰어나서 사냥개로서 탁월한 능력을 발휘합니다. 대담하고 용맹스러워서 자기보다 덩치가 훨씬 큰 상대를 만나도 기죽는 법이 없고 공격적인 태도를 보이기도 합니다. 깔끔한 것을 좋아해서 집 안에서는 똥오줌을 누지 않는 편입니다.

　주인에 대한 충성심과 복종심이 강하고 귀소 본능이 뛰어납니다. 실제로 진도에서 대전으로 팔려 갔다가 강아지 때부터 길러 준 주인을 찾아 300km 넘는 거리를 7개월이나 걸려 돌아온 '백구'라는 진돗개가 화제가 되기도 했습니다. 백구의 충성심을 기리기 위해 마을에 백구상이 세워져 있습니다. 백구가 주인공인 〈하얀 마음 백구〉라는 만화 영화로도 만들어졌습니다.

Chihuahua

치와와

치와와

원산지 멕시코. 애완견 그룹. 키 15~23cm. 몸무게 0.5~3kg.

멕시코 치와와 주의 이름에서 따왔으며, 세계에서 가장 크기가 작은 견종입니다.

머리는 둥글고, 귀는 크고 쫑긋 서 있으며, 초롱초롱하며 커다랗고 맑은 눈망울이 아주 매력적입니다.

털은 매끄럽고 윤기가 나며 짧은 것과 긴 것이 있으며, 털빛은 황갈색 등 다양합니다.

체구가 작아 연약해 보이지만, 대담하고 강인한 성격이어서 화가 나면 덩치가 큰 개에게도 덤벼들어 물기도 하므로 주의해야 합니다. 영리하고 민첩하며 사람의 말이나 행동에 대한 반응이 빨라서, 훈련을

잘 소화하고 훈련 효과도 아주 우수합니다.

　질투심이 많으며 주인을 독점하려는 성향이 강하지만 주인에 대한 충성심이 아주 높습니다.

　독립심이 강하고 혼자 있어도 스트레스를 별로 받지 않아 혼자 사는 사람이나 노인이 키우기에 적당하며 실내에서 키워도 무리가 없습니다.

명화로 만나는 반려견

두 명의 베네치아 여인들/비토레 카르파초/1510년경/베니스 코레 박물관

cocker Spaniel
코커스패니얼

코커스패니얼

원산지 영국. 사냥견 그룹. 키 36~41cm. 몸무게 10~15kg.

'새를 잡아 오는 개'란 뜻의 이름처럼 새를 사냥할 때 새 떼가 쉬고 있는 장소를 찾아서 깨우고 날려 보내는 역할을 하던 사냥개입니다.

멋진 웨이브의 윤기 나는 털과 길게 늘어진 큰 귀의 귀여운 외모 덕분에 인기가 높습니다.

근육질 몸매에 앞다리는 곧고 발목은 짧고 발은 둥글며 작고 단단해 보입니다.

털빛은 검은색, 크림색, 붉은색 등 다양합니다. 털이 길고 아름다워 특히 털 관리에 신경을 써야 합니다.

온순하고 순종적이어서 아이들에게도 훌륭한 친구가 되어 줍니다.

쾌활하고 다정한 성격으로 주인의 마음을 보듬어 줍니다.

활동적이고 운동량이 많아 마당이 있는 집에서 키우는 게 좋고, 특히 공놀이를 아주 좋아합니다. 훈련을 잘못하면 공격적이 되거나, 주인을 제치고 리더가 되려 하므로 어려서부터 훈련을 잘 시켜야 합니다.

먹이에 대한 집착이 강해 비만이 되기 쉬우니 주의해야 합니다.

일반적으로 영국 코커스패니얼은 인내심이 강하며 사냥을 좋아하고, 아메리칸 코커스패니얼은 어리광을 잘 부리며 놀기를 더 좋아합니다.

King Charles spaniel
킹찰스스패니얼

킹찰스스패니얼

원산지 영국. 사냥견 그룹. 키 30~33cm. 체중 5.5~8kg.

영국의 찰스 2세가 아끼던 개로 자신의 이름을 붙였다고 합니다. 사교적인 성격에 귀족적인 외모로 특히 영국에서 인기가 높습니다.

명랑하고 누구하고나 잘 어울려서 어느 가정에나 잘 적응합니다. 영리해서 주인의 말을 잘 이해하므로 훈련하는 것도 어렵지 않습니다.

귀가 아래로 처져 있어 더러움을 잘 타고, 귓속으로 공기가 잘 통하지 않아 병에 걸리기 쉬우므로 항상 청결을 유지해야 합니다. 체구가 작아

실내에서 키우는 데도 별 무리가 없습니다. 사냥개 출신이어서 활발하고 모험심이 강하고 뛰어노는 것을 좋아하므로 산책이나 운동을 자주 시켜 주는 게 좋습니다.

디즈니 만화 영화 〈레이디와 트럼프〉에 나오는 레이디가 바로 킹찰스스패니얼입니다.

스페인의 펠리페와 마리아 튜더/한스 이워스/1558년/영국 워번 애비

콜리

원산지 영국. 목양견 그룹. 키 55~66cm. 몸무게 22~32kg.

털이 긴 것을 러프콜리, 털이 짧은 것을 스무스콜리라고 합니다. 러프콜리는 양치기 개로 유명하고, 스무스콜리는 물건을 운반하는 데에 이용했습니다.

러프콜리는 아름답고 기품 있는 털을 지녔고, 특히 가슴 부분에 갈기 같은 털이 풍성하게 나 있습니다.

영화 〈래시〉에서 명견 래시로 출연해 아주 유명해졌습니다. 머리가 아주 좋고 책임감이 강하며 우호적입니다.

주인에 대한 애정이 깊으며 짖거나 무는 버릇이 없어 아이들과도 잘 어울립니다. 묵묵한 성격으로 웬만하면 성질을 부리지 않고 감수성은 예민한 편입니다.

파피용

원산지 프랑스와 벨기에. 애완견 그룹. 키 20~28cm. 몸무게 2~3.5kg.

멋진 장식 털이 난 쫑긋 선 귀가 나비를 연상케 해서 프랑스 어로 나비를 뜻하는 '파피용'이라는 이름이 붙여졌습니다. 작은 몸, 가는 비단실 같은 화려한 털이 아주 우아하고 아름답습니다. 털빛은 보통 흰색 바탕에 검은색이나 갈색 무늬가 들어가 있습니다.

연약해 보이는 외모와는 달리 대담하며 튼튼한 체질로 질병에도 강합니다. 명랑하고 쾌활하며 애정이 많아 사람을 잘 따르고 다른 동물과도 잘 어울립니다. 함부로 물거나 짖지 않으며, 냄새가 덜 나고 털 빠짐이 적어서 쉽게 기를 수 있습니다.

환경 적응이 빠르고 더위나 추위에도 잘 적응하는 편이어서 눈이 내리는 겨울에도 밖에서 신나게 뛰어놀고, 여름에도 더위를 별로 타지 않습니다. 식욕이 왕성해서 과식하기 쉬우므로 주의해야 합니다. 특히 16세기 프랑스 상류층의 사랑을 받았는데 유명한 화가들의 그림에 많이 등장할 정도로 인기를 끌었습니다. 루이 16세의 왕비였던 마리 앙투아네트는 자신이 기르던 파피용을 단두대에 오르기 전까지도 데리고 있었다고 합니다.

발코니/에두아르 마네/1868~1869년/파리 오르세 미술관

Pekinese

페키니즈

페키니즈

원산지 중국. 애완견 그룹. 키 15~23cm. 몸무게 3~6kg.

베이징을 상징하는 개로 '페키니즈'라는 이름이 붙여졌습니다. 사자 갈기 같은 털이 얼굴을 감싸고 있어 '사자개'라고도 불립니다.

길고 부드러운 털이 우아한 기품을 느끼게 하고, 털빛은 붉은색, 엷은 황갈색, 검은색, 흰색 등 다양합니다.

덩치는 작아도 가슴은 넓고 탄력이 있으며 자신감이 넘칩니다. 뒤뚱거리며 걷는 모습과는 달리 아주 용감하고 호전적입니다. 낯선 사람에게는 경계심이 강하지만 주인과 그 가족에게는 충성스럽고 다정합니다.

　독립적인 성격이 강해 길들이기가 쉽지 않고, 용변 습관을 들이는 데 어려움을 겪기도 합니다. 평소에는 얌전하다가도 독점욕이 강해 주인이 다른 개를 예뻐하면 질투하거나 공격적으로 변하기도 합니다. 추위에는 강하고 더위에 약합니다.
　편식하는 경향이 있고 코를 심하게 골기도 합니다. 코와 눈 사이에 이물질이 끼는 경우가 많아 신경 써서 닦아 줘야 하고, 허리디스크에도 유의해야 합니다.
　진시황 때부터 중국 궁정에서 신성한 개로 키워졌다고 전해지며, 양 귀비가 총애했다고도 합니다. 1860년 제2차 아편 전쟁에서 중국이 패하면서 베이징에 입성한 영국군이 황실에 남겨져 있던 페키니즈를 영국으로 데리고 들어가면서 서양에 전해져 전 세계적으로 사랑을 받고 있습니다.

Pomeranian

포메라니안

포메라니안

원산지 독일. 애완견 그룹. 키 20cm 안팎. 몸무게 1.3~3.2kg.

북극에서 썰매를 끌던 개의 후손으로 원래는 덩치가 컸는데 품종 개량으로 지금은 작아졌습니다.

온몸이 복슬복슬한 털로 덮여 있어 마치 커다란 털 뭉치가 굴러다니는 것 같습니다. 초롱초롱한 눈동자, 가슴과 꼬리의 풍성한 털, 뾰족하게 솟은 삼각형 모양의 작은 귀가 매력적입니다.

털빛은 갈색, 붉은색, 흰색, 검은색 등 다양합니다. 풍성한 털을 아름답게 유지하려면 세심한 관리가 필요합니다. 여름에는 시원하게 해 줘야 합니다.

순하고 친근하며 활기가 넘쳐 아이들과도

잘 어울립니다.

　주인과 유대감이 빨리 형성되는 편이어서, 혼자 시간을 보낼 수 있도록 어릴 때부터 훈련하지 않는다면, 분리 불안에 시달릴 수 있습니다. 아주 영리해서 훈련을 잘하면 훌륭한 친구가 될 수 있습니다.

　다리 골격이 약한 편이어서 높은 곳에서 뛰어내리는 것을 주의해야 하며, 전반적으로 뼈가 약하고, 이빨도 쉽게 상합니다. 잠자리에 대한 집착이 강한 편이므로 아늑한 집을 마련하여 안정감을 주는 게 좋습니다.

　특히 영국 빅토리아 여왕이 포메라니안을 아꼈다고 전해지며, 물리학자 아이작 뉴턴이 남긴 글에도 자신이 키우던 포메라니안에 대한 사랑이 담겨 있다고 합니다.

Poodle 푸들

푸들

원산지 독일. 애완견 그룹. 키 28cm 이하. 몸무게 3.6~4.1kg.

　예쁜 외모에 영리하고 사교적이어서 전 세계적으로 사랑을 받는 반려견입니다. 프랑스의 국견으로 프랑스 귀족 여성들에 의해 인기를 얻어 널리 길러졌습니다.
　크기에 따라 스탠더드형, 미디엄형, 미니어처형, 토이형으로 분류합니다.
　곱슬곱슬한 털은 흰색, 검은색, 회색, 갈색, 살구색 등 다양합니다. 푸들 특유의 미용법은 물에서 사냥감을 찾아오던 사냥개였다가 물에서 물건을 찾아오는 개로 개량되어, 물에서 작업하기 편하도록 털을 짧게 자르고, 차가운 물속에서 체온을 유지해 주기 위해서 몸통 부분의 털만 남기는 것에서 시작했다고 합니다.

　털이 강하고 촘촘해서 잘 빠지지 않습니다. 하지만 털을 자라게 놔두면 꼬여서 밧줄같이 되므로, 털이 뭉치는 것을 방지하려면 매일 빗질을 해 주어야 하고, 두세 달에 한 번씩 짧게 잘라 주면 좋습니다. 미용과 친해져야 하는 품종이어서 어릴 적부터 거부하지 않도록 적절히 훈련시키는 것이 좋습니다.

　활발하고 부지런하며 자신감이 넘칩니다. 아주 총명해서 사람의 말을 잘 알아듣고 훈련을 잘 소화하며 용변 훈련도 어렵지 않습니다. 쓸데없이 짖거나 사람을 무는 일이 없어, 어린이와도 잘 어울리며 반려견을 처음 키우는 사람에게도 좋습니다. 추위와 더위에도 잘 견디고 도심 생활에도 쉽게 적응하는 편입니다.

　귓속에 털이 많아서 귓병에 걸리기 쉬워서 주기적으로 귓속 털을 뽑아 주고 세정제로 닦아 주어야 하고 백내장 등 안구 질환을 조심해야 합니다.

　영국의 총리였던 윈스턴 처칠은 '루퍼스'라는 푸들을 항상 데리고 다녔으며, 미국 작가 존 스타인벡도 늘 푸들과 함께 여행을 즐겼다고 합니다.

뉴펀들랜드

원산지 캐나다 뉴펀들랜드 지방. 사역견 그룹. 키 66~71cm. 몸무게 45~68kg.

뉴펀들랜드 지방에서 어부들이 짐을 나르고 그물을 끄는 것을 돕던 견종으로, 최고의 수중 인명 구조견으로 꼽힙니다.

체격이 크고, 추위에 강하고 방수성이 좋은 두꺼운 털이 있고, 발가락 사이의 두툼한 살이 물갈퀴 노릇을 하여 훌륭한 수상 구조견이 될 수 있었습니다. 온순하고 사람의 명령에 잘 따르며, 침을 유독 많이 흘립니다.

나폴레옹이 조난당했을 때 구해 준 개여서 '나폴레옹의 개'라고도 부릅니다.

복서

원산지 독일. 사역견 그룹. 키 53~63cm. 몸무게 24~32kg.

용감하고 공격적인 데다 영리하여 군견, 경찰견, 경비견, 투견 등으로 활약하고 있습니다.

'복서'라는 이름은 싸울 때 권투 선수처럼 강한 앞발로 때리는 데에서 유래했습니다.

짧고 매끄러운 털과 근육이 발달한 균형 잡힌 몸에 위엄과 자신감이 넘칩니다. 인내심이 강하고 예리한 판단력을 가지고 있습니다.

유순하고 충직해서 훈련도 잘 하며, 유쾌하고 다정한 성격으로 아이들과 친하게 지냅니다.

아메리칸 스태퍼드셔 테리어

원산지 미국. 사냥견 그룹. 키 41~46cm. 몸무게 17~20kg.

힘이 아주 세고, 용맹하고 대담하며, 민첩성이 뛰어나, 투견으로서 최상의 조건을 갖추고 있습니다.

두툼한 가슴과 잘 발달한 근육, 힘센 머리, 넓고 단단한 턱은 강인하고 다부진 인상을 풍깁니다.

주인을 잘 호위하며, 약간의 훈련으로도 유순해지며, 친화력이 뛰어나 새로운 주인에게도 잘 적응합니다.

미국 작가 헬렌 켈러, 미국 발명가 에디슨, 미국 대통령이었던 지미 카터의 개로 알려져 있습니다.

에어데일테리어

원산지 영국. 사냥견 그룹. 키 56~61cm. 몸무게 21~27kg.

오소리나 수달을 사냥하던 견종으로, 테리어 종 가운데 몸집이 가장 크고 근육질의 몸매가 늠름해 보입니다.

온순하고 감정 표현이 풍부하며 호기심이 왕성한 개구쟁이입니다. 자존심이 세고 감정 기복이 심해 훈련하기가 쉽지 않습니다.

태어났을 때는 털이 새까맣고, 자라면서 뻣뻣한 성견용 털이 나옵니다. 이가 튼튼해서 딱딱한 것을 갉기를 좋아합니다. 활동량이 많아 매일 일정 거리 이상 산책을 시켜 주어야 합니다.

퍼그

원산지 중국. 애완견 그룹. 키 25~30cm. 몸무게 6~8kg.

중국산 견종 중에 가장 순하며, 땅딸막하고 다부진 체구에 짧고 부드러운 털, 검은 얼굴에 눌린 듯한 코, 표정이 풍부한 눈을 지녔습니다.

대담하지만 점잖으며 참을성이 많고, 애교도 많아서 아이들과도 잘 어울립니다. 어떤 주거 형태에서도 키울 수 있고, 초보자도 쉽게 기를 수 있습니다. 잠잘 때 코를 심하게 곱니다.

먹을 것을 좋아하고 움직이는 것을 싫어해서 비만과 체중 관리에 신경을 써야 하고, 더위에 약합니다.

플랫 코티드 레트리버

원산지 영국. 사냥견 그룹. 키 56~61cm. 몸무게 25~35kg.

 사냥감을 발견하고 회수하는 능력과 점프력이 우수해 뛰어난 사냥 능력을 발휘합니다. 추위에 잘 견디는 강인한 체력과 뛰어난 지능을 가지고 있습니다. 후각이 아주 뛰어나 감식 견으로도 활동합니다.

 윤기 나는 검은색 또는 적갈색 털을 지녔으며, 잔털이 적고 털 빠짐이 적어 관리하기 쉽습니다. 순종적이어서 훈련을 잘 소화하고, 기운이 넘쳐 운동과 노는 것을 좋아하고 다른 개들과도 잘 어울립니다.

나에게 맞는 개는 뭘까요?

- **실내견으로 키우기에 적절한 개**
  닥스훈트, 몰티즈, 슈나우저, 시추, 웰시코기, 요크셔테리어, 치와와, 킹찰스스패니얼, 포메라니안, 파피용, 페키니즈, 푸들 등

- **실외견으로 키우기에 적절한 개**
  골든레트리버, 보더콜리, 달마티안, 바셋하운드, 비글, 셰틀랜드시프도그, 시베리아허스키, 아프간하운드, 코커스패니얼 등

- **초보자도 쉽게 기를 수 있는 개**
  비글, 닥스훈트, 킹찰스스패니얼, 퍼그, 푸들, 플랫 코티드 레트리버 등

- **아이들과 사이좋게 지낼 수 있는 개**
  골든레트리버, 파피용, 페키니즈 등

- **혼자 사는 사람에게 적당한 개**
  시추, 치와와, 코커스패니얼 등

- **노인도 쉽게 기를 수 있는 개**
  바셋하운드, 몰티즈, 요크셔테리어, 포메라니안 등

- **함께 운동을 즐기기에 좋은 개**
  보더콜리, 달마티안, 셰틀랜드시프도그, 웰시코기 등

- **털이 아름답기로 유명한 개**
  슈나우저, 아프간하운드, 일본스피치, 코커스패니얼 등

- **훈련하면 뛰어난 능력을 발휘하는 개**
  래브라도레트리버, 에어데일테리어, 독일셰퍼드, 콜리 등

- **집을 지키기에 적당한 개**
  도베르만, 불도그, 시바, 시베리아허스키 등

강아지를 고를 때 주의 사항

- 구입하려는 견종에 대해 충분히 알아 둡니다.
- 구입하려는 견종에 밝은 경험자와 같이 가서 고릅니다.
- 사전 조사를 통해 믿을 수 있는 곳에서 구매합니다.
- 한 마리만 보지 말고 한배의 강아지를 함께 보는 것이 좋습니다.
- 가능하면 어미 개를 보고 고릅니다.
- 최소 생후 8주는 지난 강아지를 고릅니다.
- 뼈대가 튼튼하고 묵직한 강아지를 고릅니다.
- 눈이 맑고, 눈물이 나지 않고, 눈곱이 끼지 않아야 합니다.
- 콧물이 나지 않고, 코가 촉촉한 강아지를 고릅니다.
- 치열이 고르고 잇몸이나 혀가 분홍색인 강아지를 고릅니다.
- 귓속이 깨끗하고 냄새가 나지 않아야 합니다.
- 털은 탄력 있고 윤기가 있어야 합니다.
- 항문 주위가 깨끗하고, 대변은 종이로 집어 낼 수 있고 냄새가 없어야 합니다.
- 활발하게 잘 놀고 꼬리를 활발하게 움직이는 강아지가 건강합니다.
- 걷는 모습을 뒤에서 보았을 때 골반의 움직임이 균형이 맞는지 확인합니다.
- 소리가 나는 쪽으로 몸을 돌리거나 가까이 다가오는 강아지를 고릅니다.
- 예방 접종 상태를 확인합니다.

3장
개를 건강하고 똑똑하게 키우는 10가지 방법

개에 대한 기본 상식을 익힙시다

성장 속도와 수명

개의 성장 속도는 사람보다 4~7배 이상 빠릅니다.

보통 강아지의 1개월은 사람의 1년, 3개월은 5년, 6개월은 9년 정도의 시간으로 보면 됩니다. 생후 6개월까지 성장 속도가 가장 빠르고, 1년까지는 급격하게 성장합니다.

소형견(10kg 이하)과 중형견(10~15kg)은 대형견(25kg 이상)에 비해 빨리 어른이 되고 노화가 느리며, 대형견은 천천히 어른이 되는 대신 노화가 빠릅니다.

개의 평균 수명은 12~16년 정도입니다. 견종과 생활 환경에 따라 차이가 나기도 합니다. 기록에 따르면 29년까지 장수한 개도 있다고 합니다.

후각 능력

사람의 코에는 500만~2000만 개의 냄새 분석 세포가 있고, 개의 코에는 2억 개 이상 있습니다.

개의 뇌에서 후각을 처리하는 부분은 인간보다 40배 이상 더 큽니다. 사람이 감지할 수 없는 희미한 냄새만으로도 그 냄새의 주인공이 어느 쪽에서 와서 어느 쪽으로 가는 지, 암컷인지 수컷인지, 어린 강아지인지 다 자란 개인지도 알 수 있습니다.

산책하다가 다른 개와 만나면 킁킁거리며 엉덩이 부근 냄새를 맡는 이유도 항문 근처에 있는 항문선에서 나는 냄새를 통해 상대편 개의 나이와 성별 같은 정보를 파악하기 위해서입니다. 이렇게 발달한 후각 능력 덕분에 눈사태로 눈에 파묻힌 사람도 찾아내고, 사흘이 지난 사람의 냄새 흔적도 따라잡을 수 있어서 경찰견, 마약 탐지견, 재해 구조견, 산악 구조견, 지뢰 탐지견 등으로 활약할 수 있습니다.

개의 코끝이 늘 촉촉하게 젖어 있는 것도 냄새를 잘 맡기 위해서입니다. 콧구멍 속의 점막이 촉촉이 젖어 있으면 냄새 미립자를 잡아 두기 쉽습니다. 잠들어 있을 때는 코가 건조해져서, 잠에서 깨어난 개는 혀로 코를 핥아 습기를 보충합니다. 잠자는 동안 무뎌진 후각을 새롭게 깨워 냄새를 맡는 데 지장이 없도록 하는 것입니다.

평소에 개의 코 상태를 살피면 개의 건강도 점검할 수 있는데, 코가 촉촉하게 젖어 있고 광택이 나면 건강하다는 증거입니다.

청각, 시각, 미각 능력

개의 귀는 두 개가 따로 움직일 수 있어서 사람보다 약 4배 이상 예민하게 소리를 감지할 수 있습니다.

사람이 20km 정도 떨어진 거리에서 들을 수 있는 소리를 개는 80km 밖에서도 들을 수 있습니다. 천둥소리를 무서워하는 것도 청각이 발달했기 때문입니다.

개의 시력은 사람보다 세부적으로 구분하는 능력이 떨어집니다. 사람의 표준 시력이 1.0이라고 하면 개의 시력은 0.3 정

도라고 평가되는데 움직이는 사물을 인식하는 능력은 사람보다 뛰어납니다.

사냥개의 경우는 1,500m 앞에서 손을 흔드는 사람의 움직임을 알아차릴 정도라고 합니다. 시야가 탁 트인 곳에서는 더 멀리 있는 사냥감을 발견할 수 있다고 합니다.

어두운 곳에서 사물을 보는 능력도 사람보다 뛰어나며, 사람만큼 명확하게 구별을 하지 못할 뿐, 색깔은 구별할 수 있습니다.

반면 미각은 다른 능력에 비해 둔한 편입니다. 사람처럼 짠맛, 단맛, 신맛, 쓴맛을 느끼지만, 사람의 미각 세포가 9,000여 개인 데 비해 개는 1,700개 정도로 훨씬 맛을 덜 느낍니다.

쓴맛을 싫어하고, 짠맛을 덜 느끼며, 고기 맛에 끌리는 혀 감각이 발달해 고기나 고기 향을 무척 좋아합니다.

지능

　개의 지능이 어느 정도인지에 대해서는 인간 기준의 측정 방식에 의해 판단한 것으로 큰 의미가 없습니다. 사람 기준으로 보면 3~4세 정도 아이 수준이며, 인지력과 문제 해결 능력은 2세 정도 수준이라고 합니다. 오랫동안 사람과 함께 살면서 학습 능력이 높아져 더 높은 지능을 보이며, 사람을 도와 복잡한 많은 일을 해내고 있습니다.

　개의 기억력은 상당합니다. 즐거웠던 일이나 슬펐던 일, 칭찬받거나 혼났던 일 등 어릴 적부터 쌓인 기억을 잘 저장해 둘 수 있습니다. 특히 자신이 좋아하는 사람을 기억하는 능력이 대단합니다.

　맹인 안내견의 경우, 어릴 때 돌봐 주었던 사람과 10년 만에 만나도 기억해 낸다고 합니다. 그런가 하면 바

로 전에 음식을 숨겨 둔 장소를 잊어버리기도 하고, 지나간 일로 혼이 나면 왜 혼나는지 이해하지 못하기도 합니다.

똑똑한 개를 원한다면, 많은 시간을 함께 보내고, 서로 따뜻한 교감을 나누며, 훨씬 더 많은 수고와 노력을 해야 합니다.

공통적인 기본 습성

개는 사람과는 다르기 때문에 개의 기본적인 습성을 알면 개의 행동을 잘 이해할 수 있습니다.

개는 늑대에서 갈라져 나왔습니다. 사람들과 어울려 사는 것을 좋아하는 것도 무리를 이루어 생활하고 사냥하던 늑대의 습성을 물려받았기 때문입니다. 자기 영역을 지키고, 명령을 이해하고 따르고, 주인에게 헌신하는 특성, 강한 서열 의식 등도 무리 생활과 관련이 있습니다.

개는 자기보다 약한 자는 지배하고 강한 자에게는 복종하려는 서열 의식이 아주 강합니다. 능력 있고 존경받는 우두머리가 있고, 서로 간에 서열이 확실히 정해져 있어야 각각의 역할을 올바로 수행할 수 있고, 질서를 지키며 무리 생활을 할 수 있기 때문이지요. 강아지가 태어나서 젖을 떼기 전까지가 강아지들 사이에 서열 의식이 싹트는 시기인데, 서로 장난치고 싸우

는 과정을 거치면서 형제간에 서열이 정해지게 됩니다.

사람과 함께 살게 된 후로 사람의 가족을 무리라고 여겨서 주인에게 애정과 신뢰를 보내고 복종함으로써 안도감을 느낍니다. 이것을 잘 보여 주는 행동이 주인의 손을 핥는 것입니다.

주인을 우두머리로 받아들인 개는 주인의 명령을 따르려고 노력하며 주인의 목소리나 태도를 살피며 자신의 행동을 결정합니다.

주인 앞에서 몸을 뒤집어 보이거나 배를 보이는 것도 주인을 우두머리로 인정하고 신뢰하는 행동의 하나인데 안심하고 주인에게 몸을 맡기는 뜻의 행동입니다. 그렇게 주인에게 애정과 복종을 나타내면서 평화롭고 행복한 기분을 느낍니다. 하지만

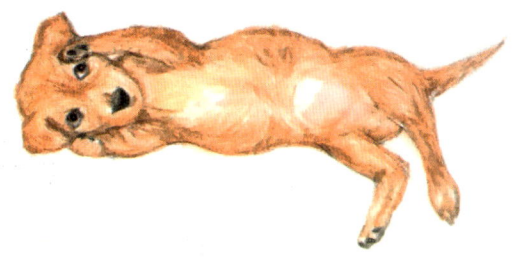

때로는 주인보다 높은 서열로 올라서 공격적이고 통제하기 힘들어지기도 합니다.

이 밖에도 개가 가진 기본적인 본능은 경계하며 짖는 모습을 보이는 경계 본능, 짖고 달려들며 이빨을 드러내는 자기방어 본능, 포획 동물을 잡으려는 사냥 본능, 쉬지 않고 몸을 움직이면서 즐거움을 느끼는 운동 본능, 무서운 상황에서 도망가려는 본능, 집을 찾아 돌아오려는 귀소 본능 그리고 모든 동물이 가지고 있는 종족 번식의 본능 등이 있습니다.

개를 훈련을 시킬 때도 이러한 개의 습성을 잘 이해하는 것을 바탕으로 훈련시켜야 합니다.

개를 맞이하기 전 철저히 준비해요

집 안을 꼼꼼히 점검합니다

개가 지낼 곳을 안전한 환경으로 만들어 줘야 합니다.

청소용 세제, 약물, 개에게 안 좋은 음식물 등을 철저히 치웁니다. 몸집이 작은 강아지가 끼일 수 있는 좁은 공간은 막아 두고, 감전의 위험이 있는 전선이나 날카로운 물건 등도 강아지가 씹을 수 있으므로 꼼꼼히 정리해 둡니다.

훈련으로 길들이기 전까지는 똥오줌을 싸면 안 되는 옷과 귀중품 등도 치워 둡니다.

필요한 물품을 준비합니다

개를 기르는 데 기본적으로 필요한 물품을 꼼꼼하게 준비합니다. 집과 잠자리를 마련하고 필요하면 울타리도 준비합니다. 먹이 그릇, 물그릇, 개의 특성에 맞는 사료와 간식을 준비하는데 사료는 전에 먹었던 것을 준비하는 게 좋습니다. 배변 판과 배변 패드, 개 전용 샴푸와 칫솔, 치약, 목줄, 이름표, 귀 세정제, 빗, 장난감 등도 준비합니다.

새로운 환경에 적응시킵니다

새로운 개가 집에 도착하면 새로운 환경과 낯선 사람들에게 잘 적응할 수 있도록 세심하게 배려하고 따뜻하게 이끌어 줍니다. 먼저 집을 둘러 볼 수 있게 해 주고, 자리를 정해서 용변을 보게 하고, 물그릇과 사료 그릇이 있는 정해진 자리로 안내해 줍니다. 가능하면 처음에는 잠자리를 사람과 가까운 곳에 마련해 주는 게 좋

습니다.

  아이에게 먹이와 물을 주게 하면 빨리 친해질 수 있습니다. 새로운 개가 아직 복종 훈련이 되어 있지 않을 경우 아이와 개가 단둘이 있는 것은 피해야 합니다.

  이미 개를 기르고 있는 집에 새로운 개가 오는 경우라면 가장 먼저 풀어야 할 과제가 서열을 정하는 것입니다.

  개들이 일단 서열을 정하고 나면 서열이 높은 개에게 먼저 인사해 주고 밥도 먼저 주면서 누가 서열이 높은지 존중해 주는 게 좋습니다.

  고양이가 있는 집이라면 어떻게 해야 할까요?

  성향에 따라서 개와 고양이는 단짝이 될 수도 있고 앙숙이 될 수도 있습니다.

사냥감을 쫓는 본능을 지닌 사냥개의 경우는 고양이가 표적이 될 수 있어 잘 어울리기 힘듭니다. 서서히 서로의 존재를 인정할 수 있게 조심스럽게 이끌어 주고, 서로의 공간을 방해받지 않게 각기 다른 공간을 마련해 주어야 합니다.

개의 이름을 지어 주고 자주 불러 주는 게 좋습니다. 개는 한 글자의 단음절보다는 둘 이상의 다음절 이름에 더 쉽게 익숙해진다고 합니다. 이름을 부르면서 어루만져 주고 같이 놀아 주면 더 쉽게 친해질 수 있겠지요. 만약 이미 이름을 가지고 있는 다 자란 개라면 그 이름을 계속 불러 주는 게 좋습니다.

개는 주인이 사랑을 주는 만큼 낯선 환경에 빨리 적응합니다.

먹이를 현명하게 줘요

사료 주는 법

사료의 종류는 아주 다양합니다. 개의 몸무게, 나이, 각각의 특성에 맞게 주어야 합니다.

개는 아침, 저녁 두 번의 식사면 충분하고, 강아지의 경우 생후 12주 정도까지는 하루에 세 번씩 식사를 주는 게 좋습니다.

어린 강아지를 들인 경우에는 전에 먹던 사료를 주거나 조금씩 섞어서 먹이는 게 좋습니다. 사료의 양은 변의 상태를 보고 조절해 가면서 주는 게 좋습니다. 딱딱한 변을 볼 경우는 사료의 양이 적다는 뜻이니 조금 늘리고, 무른 변을 볼 경우는 사료의 양이 많다는 뜻이니 조금 덜 주어야 합니다.

  사료를 자주 바꿔 줄 필요는 없습니다. '매일 같은 사료를 먹으면 지겹지 않을까?' 하는 생각은 사람 기준으로 하는 걱정입니다. 개는 미각이 사람보다 둔하기 때문에 같은 음식을 오래 먹는다고 해서 질려하지 않는 편입니다. 사료를 바꿀 경우에는 한 번에 통째로 바꾸는 것보다 점차 비율을 늘려 가며 바꾸어 주는 게 좋습니다.

  개는 본능에 따라 먹을 것이 눈앞에 있으면 배가 불러도 끝까지 먹으려고 합니다. 이는 불규칙한 사냥으로 음식이 있을 때 배를 채워 두어야 했던 늑대의 생존 본능이 개에게 남아 있는 탓입니다.

  사료를 한꺼번에 그릇에 가득 담아서 종일 알아서 먹게 하거나 개가 원한다고 해서 음식을 주는 것은 비만이 되기 쉽고 여러 가지 질병을 일으키는 원인이 될 수도 있습니다.

  규칙적으로 시간을 정해 두고 정해진 양만큼 주는 게 좋습니다.

개가 먹으면 안 되는 것들

개는 사람과 마찬가지로 잡식성 동물입니다. 사람한테는 괜찮지만, 개에게는 위험한 음식이 많이 있습니다.

기본적으로 기름기가 많은 음식이나 카페인이 많은 음식은 좋지 않습니다. 술을 먹게 되면 극도의 흥분 또는 혼수상태에 빠질 수 있고 심할 경우에는 사망까지 할 수 있습니다.

아이들이 초콜릿을 먹다가 강아지에게 주는 경우가 있는데 아주 위험합니다. 초콜릿은 개에게는 독이나 다름없으며, 많이 먹으면 죽을 수도 있습니다.

개가 먹으면 안 좋은 음식

양파를 많이 먹으면 적혈구를 손상시켜 빈혈에 걸릴 가능성이 높습니다. 파, 마늘도 좋지 않습니다. 닭 뼈나 생선 뼈도 식도에 걸리거나 위나 장에 상처를 입힐 수 있어 위험합니다.

포도에는 개에게 치명적인 독성이 있고, 씨앗이 있는 과일은 좋지 않습니다. 건포도나 건과일도 신장 기능 장애로 천천히 개의 생명에 위협을 가할 수 있습니다. 견과류도 신경 기관과 근육 계통에 좋지 않은데 특히 마카데미아 넛츠는 위험합니다. 우유나 유제품도 설사나 구토를 유발합니다. 빵에 들어 있는 이스트 성분이 발효되면서 가스를 일으켜 창자나 위가 파열되기도 합니다.

대체로 사람이 먹는 음식은 자극적이고, 염분이 많이 포함된 편이어서 조심하는 게 좋습니다.

간식은 어떻게 주는 게 좋을까요?

간식은 매일 섭취하는 열량에서 10%를 초과하지 않는 게 좋습니다. 비교적 열량이 높은 간식을 많이 먹으면 비만이 되기 쉽고, 주식인 사료를 먹지 않으려고 하는 경우가 있으니 주의해야 합니다. 시중에 간식용 제품이 많이 나와 있지만, 개에게 좋은 재료로 직접 만들어서 먹이는 가정도 늘어나고 있습니다. 달걀노른자, 고구마, 단호박, 닭가슴살, 두부, 바나나, 북어 등 개에게 좋은 음식을 이용한 간식을 준다면 더 건강한 개로 성장할 것입니다.

올바른 식습관을 들이는 게 중요합니다

집에서 사람이 먹는 음식을 달라고 자꾸 조르고 보채는 개가 있다면 그건 주인이 식습관을 잘못 들인 결과일 가능성이 높습니다. 그래서 먹이를 줄 때 항상 정해진 규칙대로 주어야 합니다. 개는 항상 서열대로 음식을 먹으므로, 주인이 식사를 다 끝낸 다음에 개가 음식을 먹는 습관을 들이는 게 좋습니다.

한편, 개가 똥을 먹어서 깜짝 놀라는 경우가 있습니다. 개가 똥을 먹는 행위는 사실 자연스러운 것이어서 무턱대고 야단치거나 지나치게 과민한 반응을 보일 필요까지는 없습니다.  자라는 과정에서 보이는 행동으로, 나이를 먹으면서 저절로 사라지는 경우가 많습니다. 성장기를 지나서도 똥을 먹는다면 원인을 잘 살펴보아야 합니다. 식사의 양이나 횟수 부족, 스킨십 부족, 영양소 결핍, 스트레스, 용변 교육의 실패, 산책 부족, 지나치게 외롭고 단조로운 생활 등 다양한 원인이 작용했을 수 있습니다. 세심하게 관찰해서 원인을 찾아내 문제점을 해결해 주는 게 좋습니다.

적극적으로 소통해요

개가 짖는 소리는 뭘 뜻할까요?

개에게도 자신들의 언어가 있습니다.

짖거나 낑낑거리거나 으르렁거리는 소리뿐만 아니라 다채로운 표정과 몸짓으로도 자기 뜻과 감정을 나타냅니다.

개의 이런 의사 전달 방식을 사람이 완전히 이해하기는 어렵지만, 깊은 애정과 관심을 바탕으로 꾸준히 노력한다면 개가 주인을 이해하는 것처럼 사람도 개의 언어를 이해할 수 있습니다.

이런 교감을 통해 반려견과 사람과의 관계가 더욱 깊어지고 풍성해질 수 있는 것이지요.

크고 우렁차게 울림이 있을 정도로 "멍멍" 짖는 것은 경계한다는 의미입니다. 다른 개가 영역을 침범했을 때나 낯선 사람이 지나가거나 이상한 소리가 들릴 때 경계의 의미로 짖습니다.

귀를 자극할 정도로 고음의 "깨갱" 소리는 개가 아프다는 의미입니다. 맞거나 갑자기 무언가에 부딪혀 아픔을 느낄 때 이런 소리를 냅니다.

뭔가를 하고 싶은데 하지 못할 때는 "낑낑" 소리를 냅니다. 용변을 보고 싶거나 배가 고파서 먹이를 달라고 할 때 또는 산책하러 가자고 조를 때 내는 소리입니다.

늑대가 우는 것처럼 "우우" 하는 긴 울음소리는 외롭거나 주목해 주기를 바랄 때 내는 소리입니다. 자신의 영역에 침입한 것에 대해 위협할 때에는 연속적으로 낮은 목소리로 "으르렁" 소리를 냅니다.

개의 몸짓과 행동은 뭘 뜻할까요?

개가 꼬리를 수평으로 크게 흔들면 기쁘다는 뜻입니다. 특히 눈을 가늘게 뜨고 꼬리를 살랑거리면 기분이 좋을 때입니다.

머리를 낮추고 엉덩이를 위로 든 채 꼬리를 흔들면 같이 놀자는 신호일 가능성이 높고, 사람의 손이나 다리에 코를 비비는 것은 자기에게 관심을 보여 달라는 표현입니다.

경계의 뜻으로는 꼬리를 수직으로 세우고 짧고 강하게 흔듭니다. 꼬리를 세우는 이유는 다른 개들에게 자신의 존재를 강하게 나타내기 위해서입니다. 위협과 공격 태세를 보일 때는 코에 주름을 만들고 이빨을 드러내면서 으르렁거립니다. 다리를 쭉 펴고 등줄기를 세워서 상대보다 커 보이게 하고 몸은 앞으로 기울입니다.

귀를 뒤로 붙이면서 꼬리를 내리고 앞발을 앞으로 내민다면 호의나 복종의 표시입니다. 몸이 아프거나 스트레스를 받아 우울할 때에도 꼬리를 아래로 내립니다.

불안이나 공포를 느낄 때는 귀를 뒤로 젖히고 꼬리를 뒷다리 사이로 집어넣은 채 등을 둥글게 말아 자신의 몸을 작아 보이게 하거나, 주인의 다리 사

이에 파고들어 몸을 숨기려 하기도 합니다.

　얼굴을 돌리거나 시선을 피하는 것 또한 불안을 느낄 때 나타내는 행동입니다. 이럴 땐 원인이라고 판단되는 물건이나 상황을 없애 준 뒤 부드러운 목소리로 달래고 쓰다듬어 주면 안정을 되찾습니다.

　자기보다 덩치 큰 개가 다가와서 냄새를 맡기 시작하면 꼼짝 않고 가만히 있기도 합니다. 상대방을 자극하지 않기 위해서입니다. 주인이 호되게 야단칠 때 앉은 자세 그대로 혹은 엎드린 채로 가만히 있는 것도 같은 맥락입니다.

　항복을 표시할 때는 배를 보이며 누워서 자신의 약점을 상대방에게 보입니다. 이때 부드러운 목소리로 칭찬하면서 배를 만져 주면 좋아합니다.

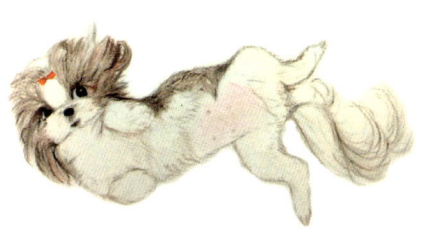

　상대방의 손이나 입 주변을 핥는 것은 개의 인사법 가운데 하나입니다. 입 주변을 핥는 것은 상대를 무척 좋아하거나 복종하다는 뜻을 나타내는 것입니다.

　뭔가를 조르거나 기분이 좋을 때는 밝고 높은 소리로 짖기나 꼬리를 크게 흔들면서 뛰어오르는 자세를 취하기도 합니다.

이처럼 개가 다양하게 건네는 언어를 이해하게 되면 개와 더욱 풍성하고 즐겁게 교감을 나눌 수 있습니다.

개는 사람을 얼마나 이해할까요?

개는 사람 말 자체는 알아듣지 못하지만 사람의 목소리와 표정 등에 담긴 뉘앙스나 분위기를 감지하는 데는 상당한 능력을 보입니다. 주인의 작은 몸짓이나 눈빛을 보고도 지금 상황이 어떤지, 원하는 바가 뭔지를 나름대로 판단할 수도 있습니다.

개는 사람 목소리에서 묻어나는 뉘앙스와 분위기, 몸짓과 표정 같은 것들을 자기의 과거 경험에 대한 기억과 연결해 현재 상황을 파악하고 스스로

판단해서 행동합니다.

개는 사람의 짧은 말을 듣고 그것을 행동으로 연결 지을 수는 있습니다. '앉아'라는 말을 뜻을 가진 단어로는 이해하지 못하지만, 이 특정한 소리가 자기에게 특정한 행동을 요구하거나 명령한다는 것은 알아챌 수 있습니다. 여기서 중요한 것은 단어 자체가 아니라 그 단어를 말하는 '방식'과 '분위기'입니다.

개는 주인의 목소리 톤이나 표정에 따라 주인의 기분이나 뜻을 판단합니다. 예를 들어, 말하는 내용은 칭찬하는 것이어도 그것을 화난 톤이나 표정으로 말하면 개는 복종이나 두려움 같은 반응을 보일 가능성이 높습니다. 그러니 짓궂은 행동을 해서 야단쳐야 할 상황에서 밝고 부드러운 톤으로 말한다면 바라는 효과를 얻기는 어려울 것입니다.

적절하게 훈련해요

주인이 대장임을 분명히 가르쳐야 합니다

개의 중요한 습성으로는 무리를 지어 사는 사회화, 서열과 지배 본능, 사냥 본능, 자기 영역을 표시하고 지키려는 본능 등을 꼽을 수 있습니다. 개의 본능을 알고 있어야 훈련도 제대로 시킬 수 있습니다.

개는 서열 의식이 강해서 주인이 누구인지를 분명히 인식시켜 두지 않으면 자기가 주인보다 서열이 위라고 여겨 말을 듣지 않고 제멋대로 행동할 가능성이 높습니다. 특히 대장 노릇을 하려는 기질이 강한 개라면 단호한 태도로 대할 필요가 있습니다. 응석을 지나치게 잘 받아 주고 잘 대해 주면 버릇없이 자꾸 기어오르거나, 자기가 원하는 대접을 받지 못할 때 신경

질을 부릴 수도 있습니다. 반대로 너무 엄격하게만 대하면 불안정하고 거친 개가 되기 쉽습니다. 하지만 개를 어린 새끼 때 들였다면 자연스럽게 주인을 우위로 여기게 됩니다.

　다 자란 개일 경우에는 밥을 주는 것만으로도 대체로 누가 우위인지가 정해집니다. 개는 대부분 주인보다 덩치가 작아서 주인을 서열이 높은 존재로 받아들이기 마련입니다. 하지만 견종이나 때에 따라서 주인에게 덤비려고 하거나 자기가 우위임을 드러내려는 행동을 보일 수도 있습니다. 가령 잠을 깨우면 으르렁거리거나 발을 확 휘두르는 식으로 말입니다. 이런 행동을 보일 때에는 그냥 두고 보지 말고 바로 고쳐 주는 게 좋습니다.

　가장 중요한 것은 개에게 밥을 직접 주는 것입니다. 대체로 먹이를 제공하는 사람한테는 복종하기 마련입니다. 개가 장난감이나 간식 같은 걸 원하면 주기 전에 명령에 복종하는 훈련을 간단하게라도 시키는 게 좋습니다. 또 사람이 가는 길을 개가 가로막고 있다면 사람이 먼저 움직이지 않는 게 좋습니다. 개가 먼저 움직여 길을 비키도록 해야 합니다. 이런 식의 훈련이 쌓이면서 개는 누가 자신의 주인이자 리더인지를 자연스레 터득하게 됩니다.

똥오줌을 어찌할까요?

개와 함께 살다 보면 가장 힘든 일이 용변 훈련이라고 할 수 있습니다.

먼저 해야 할 일은 개가 화장실을 정하도록 도와주는 일입니다. 개가 드나들기 편한 장소가 가장 좋으며, 통풍이 잘되고 청소나 관리가 편하고, 사람 눈에 띄지 않고, 번잡하지 않은 장소면 좋습니다. 일단 한번 정해지면 바꾸지 않아야 합니다.

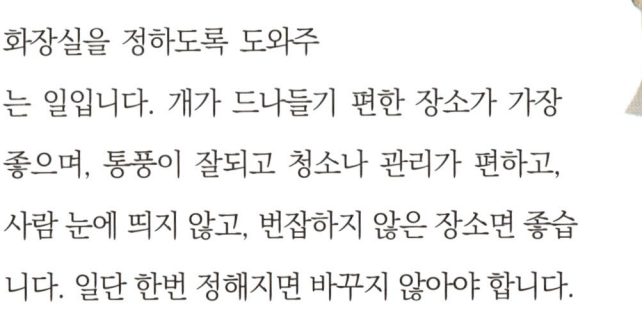

주로 잠자리에서 일어났을 때, 밥을 먹은 다음에 용변 욕구를 잘 느낍니다. 되도록 잠자리에서 멀리 떨어진 곳에 뭔가 깔린 곳에서 용변을 보려고 하고, 이전에 용변을 봤던 곳의 냄새를 맡아 화장실을 찾게 됩니다. 용변을 보기 전에는 바닥에 코를 대고 킁킁거리거나, 빙글빙글 돌거나 하며 안절부절못하는 모습을 보입니다. 이처럼 개가 용변을 보려는 신호를 보내거나 용변이 마려울 시점을 생각해서 정해진 장소로 데려가서 용변을 볼 수 있게 해 줍니다.

용변을 볼 때는 옆에서 '쉬', '끙' 같은 소리를 내 주면 좋고, 끈기 있게 기다려 줍니다. 정해진 자리에서 용변을 보는 데 성공하면 쓰다듬어 주고 칭찬을 많이 해 줍니다. 이렇게 계속하다 보면 자연스럽게 용변 습관이 들어 용변 훈련에 성공하게 됩니다.

정해진 자리가 아닌 곳에 용변을 봤을 때는 어떻게 해야 할까요?

우선 용변 냄새가 남지 않도록 깨끗이 청소해서 개가 냄새로 다시 그곳을 찾지 않도록 합니다.

나중에 똥오줌을 싼 것을 발견하고 혼을 내면 효과가 없습니다. 개는 왜 혼나는지 알지 못하므로, 실수하는 현장에서 즉시 혼내야 합니다. 또 심하게

혼내거나 벌을 주면 역효과가 나기 쉽습니다. 똥오줌을 싸면 혼나는 것으로 알고 침대나 소파 밑 같은 은밀한 곳에 용변을 보거나 사람이 집에 없으면 아무 데나 용변을 볼 가능성이 높습니다.

이처럼 용변 훈련이 실패하는 원인은 주인의 훈육 방법이 잘못된 경우가 많습니다. 사람도 태어나서 대소변을 가리기까지 오랜 시간이 필요합니다. 개가 스트레스를 받지 않고, 훈련을 잘 따라 할 수 있도록 기다려 주고 칭찬과 격려를 해 주면서 도와주는 게 중요합니다.

또 다른 훈련법들

개의 사회화 훈련도 중요합니다. 개의 사회화는 사회적 관계를 맺는 것을 의미하며 다양한 사람, 장소, 물건 등과 즐겁게 만날 기회를 주는 것을 말합니다. 개가 인간 사회에서 살아가기 위한 규칙을 배워 나가는 것이지요.

가장 좋은 방법은 어릴 때 다른 개나 다른 사람과의 접촉을 자주 하는 것입니다. 그렇지 않으면 나중에 사회성이 결여되어 보호자와 함께 있을 때만 편안해하고 다른 사람이나 다른 개에 대해서는 심한 적대감이나 공격적인 성격이 되는 경우가 많습

니다. 어릴 때 여러 환경을 접하도록 해 주어야 커서 다른 사람이나 다른 개에 대한 경계심이나 공포감이 생기지 않습니다.

생후 3~4개월 정도면 기초 예방 접종이 끝나는데 이 시기가 지나면 서서히 강아지를 안고 산책을 하거나 여러 사람을 만나게 해 주는 게 좋습니다. 어릴 때부터 사람들과 신뢰와 친밀감을 쌓으면 원만하고 다정한 성격을 가지게 됩니다.

많은 사람이 모여 사는 공동주택에서 생활하려면 함부로 짖지 않게 하는 것도 필요합니다.

먼저, 어떤 상황에서 짖는지 파악해야 합니다. 초인종이 울릴 때, 발소리가 들릴 때, 모르는 사람을 볼 때, 혼자 있을 때 등 어느 상황에서 짖는지를  파악한 한 후에 짖지 않을 수 있는 환경을 만들어 주는 게 좋습니다.

짖을 경우 간식을 보여 준 뒤 단호하게

'안 돼!'라고 말하고, 짖음을 멈추면 바로 간식을 주고 칭찬해 주는 방법이 좋습니다.

또, 개는 물어뜯는 버릇이 있어서 온 집 안을 엉망진창으로 만들어 놓기도 합니다. 어린 강아지의 경우 유치가 나기 전에 잇몸이 간지러워서 물어뜯었을 때는 장난감이나 껌 등을 사 주면 좋습니다. 온종일 혼자 집 안에 갇혀 있어 스트레스를 풀려고 뭔가를 씹거나 물어뜯었을 수도 있습니다. 이럴 경우는 같이 놀아 주거나 산책을 해서 무료한 시간을 없애 주는 게 좋습니다.

사랑스러운 개와 함께하고 싶다면 주인의 올바른 훈육 태도가 중요합니다. 칭찬해 줄 때는 확실하게 칭찬해 주고 야단칠 때는 사고를 치는 즉시 단호하게 혼내야 합니다. 또 일관된 태도로 훈육해야 합니다. 같은 행동에 매번 다른 태도를 보이면 훈육의 효과가 없습니다.

이웃과 다른 사람에게 피해를 주지 말아야 합니다

개를 좋아하는 사람도 많지만, 싫어하거나 무서워하는 사람도 많습니다. 간혹 개 털 알레르기가 있는 사람도 있습니다. 나의 개로 인해 다른 사람에게 피해를 주지 않는지 늘 신경 써야

합니다.

 개 짖는 소리가 시끄럽지 않는지, 개의 배설물 처리는 잘했는지, 개로 인한 냄새로 손해를 끼치지 않는지, 다른 사람이나 동물에 위협을 가하지 않는지, 이웃의 물건이나 화단 같은 것을 망가뜨리지 않는지 등을 평소에 잘 살펴봐야 합니다.

 나에게는 사랑스러운 개가 다른 사람에게는 얼마든지 피해를 줄 수 있다는 생각을 잊지 말아야 합니다.

즐겁고 건강하게 산책시켜요

개는 산책을 좋아하는 동물입니다

개는 산책을 좋아합니다. 음식을 주는 사람보다 산책을 시켜 주는 사람을 더 좋아하고 따르기도 합니다. 산책은 낯선 환경을 접하고 다른 사람이나 개를 만나면서 자연스럽게 개의 사회성을 키우는 데 큰 도움이 됩니다.

대체로 작은 강아지의 경우에는 가벼운 산책으로 충분하지만 사냥견이나 목양견의 경우 많은 양의 운동량이 필요합니다. 이런 개는 넓은 공간

에서 맘껏 뛰어다닐 수 있게 해 주거나 충분한 산책 시간을 갖는 게 좋습니다. 산책이 부족하면 건강이 나빠지거나 스트레스를 받아 성격이 안 좋게 변하기도 합니다.

산책하러 나갈 때 주의할 사항

개와 산책하러 나갈 때는 꼭 목줄을 매고 이름표를 달아야 합니다. 이름표에는 주인의 이름과 연락처, 주소 등을 적어 놓아야 합니다.

목줄을 매는 것은 다른 사람을 위한 배려이기도 하고 개를 위한 것이기도 합니다. 목줄을 매지 않고 자유롭게 주인을 따라다니기를 기대하는 것은 위험한 생각입니다. 잠시 한눈을 파는 사이 차도로 뛰어들어 사고를 당할 수도 있고, 마주치는 개와 싸움이 날 수도 있습니다. 실제로 이런 일이 자주 벌어지며 심지어는 영영 주인에게 돌아오지 않는 불행한 일도 생깁니다. 개는 언제 어디서든 예상치 못한 돌발 행동을 저지를 수 있는 동물이라는 것을 명심해야 합니다.

산책 시에는 항상 변을 봤을 때 치울 수 있도록 비닐봉지, 휴

지, 집게 등을 가지고 다니고, 즉시 배설물을 깨끗하게 치워야 합니다.

  걸을 때는 목줄을 잡고 주변 상황에 주의를 기울이며 천천히 걷습니다. 산책의 주도권을 주인이 쥐고 개가 주인을 끌고 다니지 않도록 하고, 주인 옆에서 나란히 걸어가도록 습관을 들

여야 합니다.

  산책은 가능한 한 매일 규칙적으로 하는 것이 좋으며, 가끔은 산책 코스나 시간을 바꿔 주어 다양하게 산책을 즐길 수 있도록 배려해 주는 것도 필요합니다.

  산책 시간은 대에 따라 차이가 있는데 산책 후에도 여전히 활발하게 뛰어다니며 힘이 넘쳐 보이면 산책 시간이 부족한 것이고, 반대로 지치거나 힘들어하면 산책 시간이 긴 것이니 시간을 조절해 가며 산책하는 것이 좋습니다.

  개가 나이가 들어 몸이 쇠약해졌다고 산책을 게을리하면 노화를 더 재촉할 수 있으니 적절한 운동과 기분 전환을 위해서도 가벼운 산책이 꼭 필요합니다.

평소 건강 관리를 잘 해 줘요

좋은 동물 병원을 찾아야 합니다

　개를 키울 때 중요한 일 가운데 하나가 좋은 동물 병원을 찾는 것입니다.
　내가 키우는 개에 대해 잘 알고 있는 의사가 지속해서 돌봐 줄 수 있다면 개의 건강 관리에 큰 도움이 되고 응급 상황에도 잘 대처할 수 있습니다.
　동물 병원을 정할 때는 경험이 많고 신뢰할 수 있는 의사가 있는지, 시설과 청결 상태가 좋은지, 집과 거리가 가까운지, 진료 비용은 적절한지, 응급 상황에 잘 대처할 수 있는지 등을 꼼꼼히 확인하고, 주변의 평판을 들어 보는 것도 중요합니다.

예방 접종은 어떻게 해야 하나요?

강아지 예방 접종의 종류는 크게 네 가지로 나뉩니다.

첫 번째는 종합 예방 접종(DHPPL)입니다. 개가 걸리기 쉬운 여러 가지 질병을 예방해주는 가장 중요한 예방 접종입니다. 생후 6~8주에 1차 기초 접종을 하고, 그 뒤 2~4주 간격으로 2~4차례 추가 접종을 해야 하며, 추가 접종 뒤 해마다 한 차례씩 보강 접종을 해야 합니다.

두 번째는 코로나 바이러스성 장염 예방 접종입니다. 코로나 바이러스성 장염에 걸리면 피가 섞인 설사를 하고, 구토하며, 열이 나고, 식욕이 없어지는 증세를 보입니다. 개에게는 치명적인 전염병입니다. 생후 6~8주에 1차 기초 접종을 하고, 그 뒤 2~4주 간격으로 1~2차례 추가 접종을 해야 하며, 추가 접종 뒤 해마다 한 차례씩 보강 접종을 해야 합니다.

세 번째는 기관·기관지염 예방 접종입니다. 켄넬코프 예방 접종이라 부르기도 합니다. 이것에 걸리면 마른기침을 심하게 하며 폐렴으로 진행

되기도 합니다. 생후 6~8주에 1차 기초 접종을 하고, 그 뒤 2~4주 간격으로 1~2차례 추가 접종을 해야 하며, 추가 접종 뒤 해마다 한 차례씩 보강 접종을 해야 합니다.

네 번째는 광견병 예방 접종입니다. 생후 석 달 이상 되었을 때 1차 기초 접종을 하고 그 뒤 6개월 간격으로 보강 접종을 해야 합니다.

DHPPL(종합 백신)	예방
D(Distemper virus) 디스템퍼	개홍역
H(Hepatitis) 헤퍼타이티스	개 아데노바이러스를 통한 전염성 간염
P(Parainfluenza virus) 파라인플루엔자 바이러스	기침, 기관지염, 폐렴
P(Parvovirus) 파보 바이러스	파보장염
L(Leptospirosis) 렙토스피라증	급성 감염증, 급성 간염이나 급성 신부전, 급성 출혈성 위장염

회차	종합 백신	별도 백신
생후 6주	종합 백신 1차	코로나 1차
생후 8주	종합 백신 2차	코로나 2차
생후 10주	종합 백신 3차	켄넬코프 1차
생후 12주	종합 백신 4차	켄넬코프 2차
생후 14주	종합 백신 5차	광견병 예방주사

개는 사람과 달리 한 번 예방 접종을 하더라도 평생 면역이 유지되지 않기 때문에 매년 접종을 해야 합니다.

일상생활에서 건강 체크 사항

평소에 개의 건강을 항상 체크하는 것도 중요합니다.

1. **눈:** 눈이 맑고 눈곱이 끼지 않았는지 확인합니다. 눈을 제대로 못 뜨거나 가늘게 뜨면 염증이 있다는 신호입니다.

2. **코:** 코에 출혈이 있거나 콧물이 나지 않는지 확인합니다.

3. **입:** 이빨이 희고 잇몸은 분홍색이어야 합니다. 입 안에 혹이나 멍울 같은 게 있는지, 입 냄새를 심하게 풍기는지, 평소보다 침을 많이 흘리지 않는지 등을 확인합니다.

4. **귀:** 귀 안쪽은 분홍빛에 냄새가 없어야 합니다. 짙은 귀지가 나오지 않는지 확인합니다. 특히 귀가 아래로 처져 있는 개는 귓속으로 공기가 잘 통하지 않아 귓병이 나기 쉬워서 세심한 관리가 필요합니다.

5. **발:** 발바닥에 상처가 없는지 자주 확인합니다.

6. **항문:** 항문 주위를 항상 깨끗하고 건조하게 유지해야 합니다.

7. **피부:** 이상한 냄새가 나거나 기름기가 있거나 상처나 염증이 없는지 확인합니다.

8. **털:** 특별히 털이 빠진 부분은 없는지, 갑자기 털이 너무 많이 빠지지 않는지 확인해야 합니다.

9. **몸:** 몸무게가 갑자기 늘거나 줄면 원인을 살펴봐야 합니다. 갈비뼈가 만져지지 않으면 비만일 가능성이 높고, 반대로 갈비뼈가 너무 도드라져도 문제가 있습니다. 배에 응어리가 만져지지 않는지도 확인합니다.

10. **비만:** 비만은 심장 질환, 관절염, 지방간, 호흡 장애, 생식 능력 저하 등 여러 가지 질병을 일으키는 원인이 되며 여러 가지 합병증이 생기기 쉽습니다.

11. **소변:** 급하게 물을 마시거나 소변의 양과 횟수가 눈에 띄게 늘면 당뇨병을 의심해 봐야 합니다. 특히 7살 이상의 나이 든 개가 잘 걸립니다.

12. **변**: 건강한 개는 단단하고 갈색의 변을 봅니다. 변의 상태나 색으로 개의 건강 상태를 확인합니다.

13. **호흡**: 재채기나 기침을 많이 하는지, 숨소리가 이상한지 확인합니다.

14. **기생충**: 구충약을 주기적으로 먹여 예방합니다.

15. **걸음걸이**: 평소 걸음걸이를 잘 살펴 관절 등에 이상이 없는지 확인합니다.

16. **식욕**: 먹이를 잘 먹는지 확인합니다. 평소에 잘 먹던 개가 잘 먹지 않고 음식을 거부하거나 구토를 한다면 몸에 이상이 있다는 신호입니다.

17. **잠**: 충분하고 편안하게 잠을 자는 게 건강에 좋습니다. 개는 보통 10~14시간을 여러 번으로 나누어 잡니다. 평소보다 잠을 많이 자거나 잠을 자지 못한다면 어딘가가 이상이 있다는 신호입니다.

응급 상황이 발생하면 이렇게 대처해요

다양한 응급 처치법

응급 상황	처치법
골절일 때	개를 품에 안고 움직이면 많이 아플 수 있으므로 종이 상자 같은 것에 넣어 즉시 병원에 데려간다.
화상을 입었을 때	화상 부위를 차가운 물로 식힌 뒤 연고를 바르고 붕대를 감아 준다. 물집이 생길 정도면 화상 부위를 차갑게 한 뒤 병원에 데리고 가는 게 좋다.
찔리거나 베였을 때	상처에 박힌 조각을 빼낸 뒤 환부를 소독하고 상태를 지켜본다. 만일 상처 부위가 넓거나 피가 많이 나면 거즈 같은 것으로 눌러 지혈을 하고 병원으로 데려간다.
다른 개에게 물렸을 때	깨끗한 물로 상처를 씻어 낸 뒤 상처 부위의 상태가 어떤지를 확인한다. 피가 얼마나 나는지도 점검한다. 피가 적게 날 때는 거즈로 상처를 눌러 지혈하고, 피가 많이 나면 다친 곳을 거즈로 누르고 붕대를 감은 뒤 즉시 병원으로 데려간다.
이물질을 삼켰을 때	개의 뒷발을 잡고 들어 올린다. 개의 갈비뼈 쪽의 배를 압박해서 먹은 이물질을 토해낼 수 있게 유도한다. 단 생선 가시, 닭뼈 등 날카로운 이물질을 삼킨 경우에는 바로 동물 병원에 데려가서 진찰받는 게 안전하다.

개를 키우다 보면 예상치 못한 응급 상황에 부닥칠 수 있습니다. 이런 경우 우왕좌왕하거나 어설프게 잘못 대처하면 문제를 오히려 더 키울 수도 있습니다. 상황에 걸맞게 침착하고도 현명하게 대처해야 합니다.

응급 처치 때 주의할 사항

개가 다치거나 사고를 당하면 고통이나 충격으로 갑자기 사나워지고 난폭해질 수 있습니다.

이때는 놀란 개를 차분하게 진정시켜 주는 게 중요합니다.

흥분한 개가 사람에게 해를 끼칠 수도 있으므로 낯선 사람은 접근하지 않도록 하는 게 좋고, 물지 못하도록 안전장치를 한 다음 정확하고 신속하게 응급조치를 하고 병원에 데려가는 게 좋습니다.

사고가 난 곳이 어수선하거나 또 다른 위험 요소가 있는 장소라면 조용하고 안전한 곳으로 옮깁니다. 옮길 때는 최대한 조심스럽게 몸이 흔들리거나 충격을 받지 않도록 합니다. 들것이 없을 때는 판자나 두꺼운 시트를 이용하고, 부드러운 천이나 끈으로 고정해 주면 좋습니다.

외모를 깨끗하고 아름답게 가꿔요

털은 어떻게 관리해야 하나요?

사람과 달리 개는 동물이고, 털이 있어서 털이 빠지기 마련입니다. 견종에 따라 털이 빠지는 양이 다르기는 하지만, 털이 빠지지 않는 개는 없습니다.

개는 체온을 유지하기 위해 1년에 두 번, 보통 3~6월경과 10월경에 털갈이를 합니다. 계절이 변하면 기온, 습도가 변하게 되는데 감각 세포가 이를 감지해서 털이 빠지거나 나게 됩니다. 이때가 바로 털갈이 시즌이랍니다. 봄에는 여름철 더위에 대비하여 겨우내

자랐던 속 털이 많이 빠지고, 가을에는 겨울철 추위에 대비하느라 털이 적게 빠지면서 밀도가 촘촘한 털이 납니다.

털 관리를 제대로 해 주지 않으면 피부가 짓물러 오염 물질이 쌓이게 되고 신진대사를 방해해 체온 조절이 어렵게 됩니다. 그래서 빗질로 빠진 털을 제거해 줘야 한답니다. 빗질을 하면 혈액 순환도 잘되고, 털갈이도 잘되어 피부염을 예방할 수 있습니다. 빗질을 통해 개의 피부에 상처나 염증은 없는지, 진드기나 벼룩과 같은 건 없는지 등을 확인할 수 있습니다. 또 빗질을 해 주면서 서로 교감을 통해 좀 더 친밀한 사이가 될 수 있습니다.

시중에 다양한 모양과 크기의 빗이 나와 있습니다. 개의 특성에 맞는 빗을 고르는 일도 중요합니다. 가끔 빗질하다 보면 엉킨 털을 발견하는데 이 부분을 풀려고 하면 개가 스트레스를 받을 수 있으니 가위로 직접 제거를 해 주는 게 좋습니다. 이때는 피부를 베지 않게 조심해야 합니다.

목욕은 어떻게 시켜 주어야 하나요?

목욕은 정기적으로 시켜 주어야 합니다. 어린 강아지 때부터 목욕 습관을 잘 들이면 목욕을 즐겁게 받아들입니다. 목욕하는 동안 계속 쓰다듬어 주고 안심시켜 주며 칭찬해 줘서 목욕이 기분 좋은 것이라고 느끼게 하면 나중에도 목욕하는 것을 겁내지 않는답니다.

목욕 전에 털 빗질을 해 주면 목욕할 때 털이 엉키는 것을 방지할 수 있습니다. 천천히 물에 적응하게 합니다. 샤워기 소리에 민감할 수도 있으니 물을 약하게 틀거나, 개의 몸에 밀착해서 물을 틀어 줍니다. 이때 귀에 물이 들어가는 것을 조심해야 합니다. 미지근한 물로 몸을 적시고, 개의 피부에 맞는 개전용 샴푸를 사용해서 마사지하듯이 골고루 닦아 주고, 샴푸가 완전히 제거되도록 깨끗하게 헹궈 줍니다. 목욕 후에는 수건으로 물기를 닦아 주고, 털을 빗질해 주면서 드라이기로 잘 말려줘야 합니다. 특히 털이 많은 개의 경우는 더 세심하게 말려 줘야 합니다. 귓속의 물기를 제거하고 귀 청소를 해 주고 마무리합니다. 사람처럼 너무 자주 목욕을 하면 피부가 건조해질 수 있으니 한 달에 한두 번 정도가 적당합니다.

건강하게 태어나고 평안하게 죽음을 맞도록 해요

개의 임신과 출산 그리고 성장

개는 보통 태어난 뒤 6~8개월 정도 지나면 사춘기가 시작됩니다. 암컷은 9~15개월, 수컷은 7~12개월 사이에 성적으로 성숙해집니다. 만약 짝짓기를 시킨다면 20개월은 지나는 게 좋습니다. 암컷은 1년에 두 번씩 3주간의 발정기에 새끼를 밸 수 있고, 수컷은 발정기가 따로 없고 언제라도 번식할 수 있습니다.

개의 임신 기간은 평균 60일 안팎입니다. 첫 6주 동안에는 굳이 식사

량을 늘릴 필요가 없고, 그 후에는 식사량이 늘어나므로 영양과 균형이 잘 잡힌 음식을 제공하는 게 중요합니다.

새끼를 낳는 과정은 보통 30분에서 2시간 정도 걸리나 훨씬 더 걸리는 경우도 있습니다. 새끼 수는 품종에 따라 다른데, 몸집이 클수록 많이 낳습니다. 작은 개들은 1~4마리 정도, 큰 개는 8~12마리 이상 낳기도 합니다.

새끼를 낳기 전후로는 신경이 예민해지고 경계심이 강해지므로 사람들이 많이 지나다니는 곳을 피하고 조용하고 평소에 익숙한 장소에서 새끼를 낳도록 합니다. 새끼를 낳는 곳에 신문지와 비닐을 깔고 포근한 담요를 깔아 둡니다. 겨울에는 춥지 않도록 난방에 신경 써 줍니다.

본능적으로 어미 개는 새끼를 낳는 과정을 알아서 다 처리합니다. 이때는 섣불리 손을 대지 말고 출산을 매끄럽게 진행하지 못하는 경우에는 부드럽게 도와줍니다. 만약에 사태에 대비해 미리 병원에 연락을 해두는 것이 좋습니다.

건강한 강아지는 하루 중 90%는 잠을 자고 나머지 시간은 어미의 젖을 빨며 젖꼭지를 차지하려고 형제들과

경쟁합니다. 생후 12주 정도가 지나면 눈을 뜨고, 생후 3주 정도가 지나면 어미의 도움 없이 스스로 똥오줌을 누기 시작합니다.

생후 4~6주 사이에는 이빨이 나기 시작하고, 8주 정도가 지나면 완전히 젖을 떼고 어미에게서 떨어져 독립적으로 생활을 할 수 있게 되고, 다른 곳으로 입양을 보내거나, 기본적인 훈련을 해도 됩니다. 사람과 관계를 맺으며 원만한 성격을 형성할 수 있는 중요한 시기이기도 합니다.

중성화 수술은 하는 게 좋습니다

중성화 수술이란 새끼를 배지 못하도록 암컷은 난소와 나팔관을 없애고, 수컷은 고환을 없애는 수술을 말합니다.

전문가들의 의견에 따르면 새끼를 낳지 않을 거라면 중성화 수술을 하는 게 장점이 더 많다고 합니다. 중성화 수술을 하면 암컷은 호르몬 분비로 인한 스트레스를 줄여 주고, 생식기 질환, 유방암, 유선종양 등이 생길 확률이 줄어듭니다. 수컷은 전립선,

고환 질환이 생길 확률이 낮아지고, 성격이 부드러워지며 공격성과 자기 영역 보호 본능이 줄어든다고 알려졌습니다. 중성화 수술의 시기는 생후 4~6개월 사이가 가장 좋으며, 수술도 간단하고 회복 기간도 빠르다고 합니다.

반려견과의 이별의 순간을 대비해야 합니다

사람보다 몇 배나 빠르게 시간이 흐르는 반려견과의 이별의 순간을 언젠가는 맞이해야 합니다. 사람보다 빨리 성장하고 빨리 늙는 반려견은 사람보다 훨씬 빨리 죽기 마련입니다. 나이가 들면서 몸의 기능과 체력이 떨어지고 병에 걸리기 쉬워져 세상을 떠나야 하는 시간이 옵니다. 반려견의 나이가 10년이 넘어가면 서서히 마음의 준비를 해야 합니다. 가장 친한 친구이자 동생으로 오랜 시간 서로 함께할 수 있었던 것에 고마워하며, 사랑하는 가족 품에서 평화롭게 죽음을 맞이할 수 있도록 합니다. 이별은 슬프고 힘이 들지만 그것이 반려견의 삶이고, 사람의 삶이며, 자연스러운 생명의 질서입니다.